어린이 생물 도서관 9

우리 동네 새 사전
The Encyclopedia of Neighborhood Birds

어린이 생물 도서관 9

우리 동네 새 사전
The Encyclopedia of Neighborhood Birds

펴낸날	2023년 7월 28일 초판 1쇄
	2025년 2월 3일 초판 2쇄
지은이	최순규·박정미
펴낸이	조영권
만든이	노인향
꾸민이	ALL contents group
펴낸곳	비글스쿨
등록	2007년 11월 2일(제2022-000115호)
주소	경기도 파주시 광인사길 91, 2층
전화	031-955-1607 팩스 0503-8379-2657
이메일	econature@naver.com
블로그	blog.naver.com/econature
ISBN	979-11-6450-056-7 76490 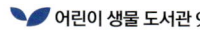

최순규·박정미 ⓒ 2023

- 이 책의 일부나 전부를 다른 곳에 쓰려면 반드시 저작권자와 비글스쿨 모두에게 동의를 받아야 합니다.
- 잘못된 책은 책을 산 곳에서 바꾸어 줍니다.
- 비글스쿨은 자연과학 전문 출판사 자연과생태의 어린이 브랜드입니다.

어린이제품 안전특별법에 의한 기타 표시사항
제품명 도서 | **제조자명** 비글스쿨 | **제조국명** 한국 | **전화번호** 031-955-1607 | **제조연월** 2023년 7월
사용연령 6세 이상 | **주소** (10881) 경기도 파주시 광인사길 91, 2층
주의사항: 종이에 베이거나 긁히지 않도록 주의하세요. 책 모서리가 날카로우니 던지거나 떨어뜨리지 마세요.

어린이 생물 도서관 9

최순규·박정미 지음

우리 동네 새 사전

The Encyclopedia of Neighborhood Birds

비글스쿨

CONTENTS

머리말　　　　　　　　8

마을, 논밭 주변에서 보이는 새

직박구리	12	말똥가리	48
참새	14	독수리	50
까치	16	황로	52
물까치	20	황새	54
멧비둘기	24	쇠기러기	58
집비둘기	26	큰기러기	60
붉은머리오목눈이	28	두루미	62
딱새	32	흑두루미	64
종다리	34	알락도요	66
제비	36	흑꼬리도요	70
찌르레기	40	깍도요	72
후투티	44	장다리물떼새	76
황조롱이	46		

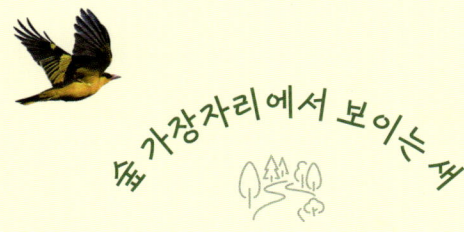

숲 가장자리에서 보이는 새

때까치	82		꿩	100
개똥지빠귀	84		파랑새	102
멧새	86		뻐꾸기	106
노랑턱멧새	88		큰부리까마귀	108
쑥새	90		참매	110
되새	92		새호리기	114
방울새	94		올빼미	118
꾀꼬리	98		솔부엉이	120

숲속에서 보이는 새

박새	124		되지빠귀	152
쇠박새	126		흰배지빠귀	156
곤줄박이	128		호랑지빠귀	158
동고비	130		소쩍새	160
오목눈이	132		수리부엉이	162
어치	134			
쇠딱다구리	136			
오색딱다구리	140			
청딱다구리	144			
산솔새	146			
굴뚝새	148			
큰유리새	150			

물가에서 보이는 새

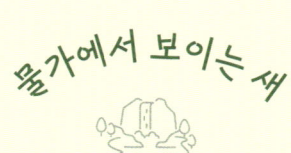

중대백로	166	매	206
쇠백로	168	꼬마물떼새	210
왜가리	170	흰물떼새	212
검은댕기해오라기	174	왕눈물떼새	214
해오라기	176	개꿩	216
덤불해오라기	178	검은머리물떼새	218
저어새	180	댕기물떼새	220
쇠물닭	182	민물도요	222
물닭	184	붉은어깨도요	226
삑삑도요	186	세가락도요	230
깝작도요	188	청다리도요	232
물총새	190	큰뒷부리도요	234
노랑할미새	192	알락꼬리마도요	238
알락할미새	194	중부리도요	240
백할미새	196	괭이갈매기	244
검은등할미새	198	재갈매기	248
개개비	200	붉은부리갈매기	250
물수리	202	쇠제비갈매기	252
흰꼬리수리	204	바다직박구리	254

물 위에서 보이는 새

흰뺨검둥오리	258	흰뺨오리	274
청둥오리	260	비오리	276
원앙	262	흰비오리	278
쇠오리	264	논병아리	280
알락오리	266	뿔논병아리	282
고방오리	268	민물가마우지	284
흰죽지	270	큰고니	290
댕기흰죽지	272		
		찾아보기	294

머리말
'새'로운 세상으로 초대합니다

저희는 대학에서 만나 지금까지 함께 새를 연구하는 부부입니다.
엄마, 아빠의 영향으로 저희 아이들도 어렸을 때부터 새를 좋아했습니다.
새를 관찰하려면 자연스레 나무와 하늘을 자주 바라보게 되고,
주변에서 들리는 작은 소리에도 귀를 기울이게 됩니다. 그래서 아이들과
함께 자연을 거닐 때면 특히 더 걸음이 더뎌집니다.
아이들은 보폭이 어른보다 좁기도 하지만 새를 비롯해 자연 속 많은 것을
궁금해하기 때문입니다.

요즘 '생태 감수성'이라는 말을 많이 듣습니다.
자연 생태계는 사람 말고도 수많은 생물, 환경 요소로 이루어진다는
사실을 이해하고 이 모든 존재를 존중하는 마음가짐을 가리킵니다.
생태 감수성을 기르려면 어릴 때부터 자연에서 놀며 직접 다양한 생물,
환경을 접하는 것이 중요합니다. 그런 점에서 새는 생태 감수성을
높이기에 아주 좋은 대상입니다. 조금만 관심을 가진다면 언제 어디서든
만날 수 있으니까요.

이 책에서는 동네를 비롯한 주변 환경에서 어렵지 않게 볼 수 있는 새
111종을 실었습니다. 그러면서 생김새나 살아가는 모습이 비슷한 92종도
함께 소개했습니다. 본문은 마을이나 숲, 물가 등 새가 살아가는 장소에
따라 나누었습니다. 궁금한 새가 있으면 그 새를 본 장소가 어디였는지를
떠올리고 본문에서 그 장소가 속하는 모둠으로 가서 이름을 찾으면
편합니다.

이 책을 꾸미면서 특히 고민한 점은 '어떻게 하면 아이들은 물론이고
새를 처음 접하는 분들이 새를 친숙하게 여길 수 있을까?'였습니다.
이런저런 궁리를 하다가 일방적으로 새 정보를 알려 주기보다는 같이 새를
관찰하며 두런두런 이야기를 나누는 듯한 방식을 선택했습니다.
새에 관한 기본 정보와 더불어 저희가 지금까지 새를 공부하고 관찰하면서
알게 된 사실, 겪은 일, 느낀 바를 함께 풀어 놓았습니다.
독자 여러분이 새와 가까워지는 데에 이런 방식이 조금이라도 더
도움이 되기를 바랍니다. 저희 부부를 새 관찰자의 길로 들어서게 하고
새와 더불어 사는 세상이 왜 소중한지를 알려 주신 김수일 교수님께 깊이 감사합니다.
그리고 이 책에 선뜻 사진을 제공해 주신 박철우, 박운남, 박헌우, 이우만,
정상용, 정진문 님 고맙습니다.

2023년 7월
최순규·박정미

일러두기
이 책에서 말하는 '동네'는 도시, 농촌, 산촌, 어촌을 비롯해 그 주변 환경까지를 가리킵니다.

마을, 논밭 주변에서 보이는 새

우리 동네 새 사전

직박구리	제비	큰기러기
참새	찌르레기	두루미
까치	후투티	흑두루미
물까치	황조롱이	알락도요
멧비둘기	말똥가리	흑꼬리도요
집비둘기	독수리	꺅도요
붉은머리오목눈이	황로	장다리물떼새
딱새	황새	
종다리	쇠기러기	

직박구리

텃새
Hypsipetes amaurotis
Brown-eared Bulbul
27~30cm
마을, 야산 등
곤충, 열매 등

집 주변이나 공원을 산책하다 보면 종종 고함치며 싸우는 듯한 새소리가 들려옵니다. 이 괴팍한 소리의 주인공은 바로 직박구리입니다. 녀석은 간밤에 잘 지냈다고 천지에 알리기라도 하듯 이른 아침에 더욱 요란합니다.
애벌레, 과일, 곡식, 심지어 음식물 쓰레기까지 먹이를 가리지 않기에 도시와 시골 마을 어디에서나 흔히 볼 수 있으며 아파트 정원에서도 번식해요. 이처럼 먹성과 번식력이 좋은 탓에 골칫거리로 여겨지기도 합니다.
과수원에서는 잘 익은 과일을 탐내는 일이 많은 직박구리가 모여들지 못하도록 큰 덫을 놓거나 맹금류 소리를 틀어 놓기도 해요.
참새나 까치보다 흔한 텃새이지만 겨울철에는 큰 무리를 지어 먼 거리를 이동하기도 합니다.

벌과 나비처럼 꿀을 먹으며 식물의 꽃가루받이를 돕습니다.

아파트 단지 정원수에 둥지를 틀었습니다.

갓 둥지를 떠난 어린새는 잘 날지 못합니다.

몸은 회갈색이고 배에 밝은 비늘무늬가 있습니다. 뺨에 난 갈색 무늬가 도드라집니다.

검은이마직박구리

매우 보기 드문 새였지만 요즘은 전국 해안 지역에서 종종 보입니다.

참새

작은 새들이 재잘거리며 휘리릭 휘리릭 날아다니다가 한꺼번에 바닥에 내려앉습니다. 흰 뺨에 까만 점이 있는 것을 보니 참새네요. 덩치가 작고 갈색인 새를 보면 참새라고 여기는 사람이 많지만 꼭 그렇지 않을 수도 있답니다. 작은 갈색 새더라도 하얀 뺨에 검은 점이 있어야 참새라는 점을 기억해 주세요.
숲이나 풀밭보다는 사람 사는 곳 주변에 많습니다. 매나 뱀 같은 포식자에게서 몸을 지키기도 편하고 둥지 틀 장소도 많으며 먹이를 구하기도 쉽기 때문이지요. 농촌에서는 닭장에 들어가 닭 모이를 빼앗아 먹거나 논밭을 활개 치듯 날아다니기에 미움받을 법도 한데 진짜 새라는 뜻인 참새라 불리는 것을 보면 그만큼 옛날부터 친숙했나 봐요. 겨울에는 다른 계절보다 더 큰 무리를 이뤄 함께 먹이를 찾고 천적을 피해 다닙니다.

어린새. 깃 색깔이 연하고 뺨에 검은 점이 없거나 있어도 색이 옅어요.

텃새
Passer montanus
Eurasian Tree Sparrow
14~15cm
마을, 논밭, 공원
씨앗, 곤충 등

간판 틈이나 처마 밑, 교통 표지판 구멍 등에 둥지를 틉니다.

겨울에는 큰 무리를 이룹니다.

몸 바탕은 갈색이지만 배는 흰색입니다. 뺨에는 검은 점, 멱에는 검은 줄무늬가 있어요.

번식기에 짝에게 잘 보이려는 행동을 합니다(구애 행동).

섬참새

울릉도에서만 번식하고 겨울에 이동하는 참새 종류예요. 참새와 달리 뺨에 검은 점이 없지요.

까치

머리가 좋기로 유명합니다. 어느 실험에서는 거울에 비친 자신을 알아보고 몸에 붙은 스티커를 떼어 냈습니다. 먹잇감으로 잡은 뱀을 물고 높은 곳까지 올라가 콘크리트 바닥으로 떨어뜨려 죽인 다음 먹기도 합니다. 대부분 새가 그렇듯 까치도 자기가 지내는 고유 영역이 있으며 이를 철저하게 경계합니다. 번식기에는 알이나 새끼를 지켜야 하므로 그 정도가 심해지고요. 더욱이 까치는 공격성이 강해서 자기보다 덩치가 큰 새나 맹금류여도 영역을 침범하면 달려들어 싸워 이깁니다. 심지어는 고양이, 강아지까지도 공격합니다. 물론 까치가 힘으로 침입자를 쫓아내는 것은 아닙니다. 목숨을 걸고 달려드는 까치와 달리 침입자는 굳이 지켜야 할 것이 없기에 까치 극성이 귀찮아서 자리를 피하는 거라고 볼 수 있지요.
새벽이나 해가 질 무렵에 여러 마리가 한곳에 모여 시끄럽게 울면서 서로 교감하기도 합니다. 이런 행동은 둥지를 지켜야 하는 번식기보다는 비번식기에 자주 보입니다.
예전에 사람들은 까치가 울면 반가운 손님이 온다며 길조(吉鳥, 좋은 일을 가져오는 새)로 여겼는데, 요즘은 과일을 비롯한 농작물에 피해를 주는 일이 두드러지면서 예전만큼 까치를 반기지는 않는 것 같아요.
전국에 퍼져 살지만 울릉도처럼 뭍에서 먼 섬에는 살지 않습니다. 제주도에는 1989년에 사람들이 풀어 놓은 뒤로 자리를 잡고 삽니다.

텃새
Pica pica
Eurasian Magpie
43~46cm
마을, 논밭, 야산
쥐, 새, 개구리, 뱀, 열매, 음식 등

몸 바탕은 검고 배와 옆구리, 어깨깃은 흰 모습이 꼭 깔끔한 정장을 차려입은 것 같습니다. 날 때 흰 첫째날개깃이 뚜렷하게 보입니다.

빛을 잘 받으면 깃털에 광택이 돕니다.

둥지는 매우 튼튼하며, 빈 까치 둥지를 다른 새들이 이용하기도 합니다.

다른 까치를 비롯해 자기 영역에 들어오는 모든 새를 매우 싫어하지만 겨울이 되면 다른 까치와 무리를 이루기도 합니다.

봄과 여름에는 동물 종류를 먹지만 먹이가 부족해지는 가을, 겨울에는 식물을 먹기도 합니다.

물까치

텃새
Cyanopica cyanus
Azure-winged Magpie
37~39cm
야산, 마을, 과수원, 공원
곤충, 과일, 곡식

연한 회색과 하늘색이 어우러진 깃털, 검은 모자를 쓴 듯한 머리, 기다란 꼬리. 차림새는 아주 멋스러운데 떼 지어 다른 새를 공격하거나 요란스럽게 우는 모습을 보면 그다지 멋져 보이지는 않아요.
근사하게 생긴 깃털에 기생충이 살기도 합니다. 그래서 물까치를 비롯해 새는 물이나 모래에서 목욕을 하는데 그러고도 기생충이 남아 있으면 더운 여름날 뜨겁게 달궈진 도로나 돌에 깃털을 대고 살균하기도 해요. 어떨 때는 개미집을 일부러 공격해 개미가 뿜어내는 개미산(개미나 벌이 만드는 산성 물질)으로 깃털을 소독하기도 합니다.
지능이 높거나 먹이를 가리지 않는 종일수록 새로운 환경에서 살아남을 확률이 높다고 합니다. 그래서인지 물까치도 옛날에는 시골이나 산 주변에서만 드물게 보였는데 2000년대 들어서는 시골은 물론 도시 마을까지 퍼졌습니다. 까치, 직박구리, 참새처럼 아파트 주변에서도 번식합니다. 둥지로 다가서는 모든 것에 예민하게 반응하며 공격해서 근처에 물까치 둥지가 있는지 모르고 지나가는 사람까지 공격하는 일도 있어요.

어른새. 암컷과 수컷의 생김새가 비슷해 구별이 어렵습니다.

어린새. 머리가 새까만 어른새와 달리 새치가
있는 것처럼 머리에 흰색이 섞여 있습니다.

점점 생활 범위를 넓히는 요즘, 사람
사는 집까지 날아와 먹이를 찾습니다.

우리나라에 사는 물까치는 가장 긴 꼬리깃 끝이 하얗습니다.

햇빛에 달궈진 돌에 엎드려 깃털을 소독합니다.

멧비둘기

이름만 보면 산에만 사는 비둘기 같지만 어느 환경에나 적응을 잘해서 산은 물론 도시나 시골 마을, 밭, 과수원 등에서도 보입니다. 실제 멧비둘기 모습을 본 적은 없어도 봄에 '부부 부부'하며 띄엄띄엄 우는 소리는 들어본 적이 있을 거예요. 사람을 아주 무서워하지는 않지만 집비둘기보다는 경계가 심해요.

멧비둘기를 비롯한 비둘기 종류는 새끼가 알에서 깨어 나오면 모이주머니(새가 먹이를 소화시키기 전에 잠깐 저장해 놓는 내장 기관)의 특별한 세포에서 분비되는 우유 같은 액체를 먹입니다. 피존밀크(pigeon milk)라는 이 액체에는 항산화제(산화를 억제하는 물질)와 면역제가 들어 있어서 새끼를 빠르게 성장시켜 생존율을 높입니다. 홍학과 일부 펭귄도 새끼에게 이 액체를 먹여요.

또한 비둘기 종류는 어디서든 자기 집을 찾아오는 본능이 있습니다. 지구 자기장, 별의 위치, 저주파 등을 감지해서 방향을 찾을 수 있기 때문입니다. 그래서 사람들은 옛날에는 편지를 전달하는 데에 비둘기를 쓰기도 했고, 요즘은 비둘기가 멀리서 얼마나 빨리 돌아오는지 경주를 시키기도 합니다.

텃새
Streptopelia orientalis
Oriental Turtle Dove
33~35cm
마을, 논밭, 산림
열매, 씨앗

나뭇가지 사이에 접시 모양으로 엉성하게 둥지를 틀고 알은 두 개를 낳습니다.

목에 줄무늬가 있고, 날개에는 적갈색 무늬가 있습니다.

어린새. 깃 빛깔은 엷지만 눈은 어른새처럼 크고 또렷합니다.

흑비둘기

천연기념물 멸종위기 야생생물

염주비둘기

비둘기라고 모두 흔하지는 않습니다. 아주 보기 힘든 종류도 있어요.

집비둘기

도심에서 보이는 비둘기는 대부분 집비둘기로, 인류가 처음 길들인 새로 추측합니다. 야생에 살던 비둘기(*Columba livia*)를 집에서 기르거나 행사에 쓰려고 개량한 품종으로 전 세계에 280여 종류가 있어요.

비둘기가 평화의 상징이라지만 집비둘기처럼 도시에 사는 비둘기는 결코 평화로워 보이지 않습니다. 비둘기를 무서워하는 사람도 많고, 아무 데나 똥을 싼다든가 하는 이유를 들어 골칫거리로 여기는 사람도 많습니다. 이런 까닭에 도시에서는 집비둘기 수를 줄이려는 사업을 벌이기도 하지만 1년에 여러 번 번식해 수를 늘리는 집비둘기를 따라잡기란 쉽지 않습니다. 집비둘기가 도시에 살게 된 것은 사람 때문이니 무작정 없애려 하기보다는 함께 살 방법을 더 열심히 찾아보면 좋겠습니다.

길에 내려앉은 집비둘기를 보면 머리를 까딱거리며 걷는다는 것을 알 수 있어요. 몸이 먼저 앞으로 나아가고 머리는 제자리에 있다가 발걸음을 옮긴 뒤에 재빨리 몸을 뒤따라갑니다. 이는 비둘기 종류의 특징으로 가능한 머리를 적게 움직이고 사물을 더 오랫동안 정확하게 보기 위해서랍니다.

텃새
Columba livia var. *domestica*
Domestic Pigeon
29~35cm
마을, 논밭, 산림
열매, 씨앗

무리 지어 생활하니 똥 문제가 생길 수밖에 없습니다.

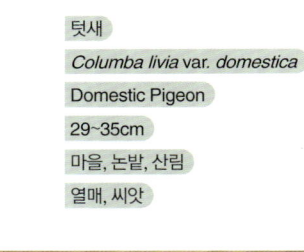

경주용 집비둘기는 주인이 다리에 표식을 달아 놓습니다.

오랜 세월에 걸쳐 사람이 교접시켜 왔기에 깃털 색깔과 무늬가 매우 다양합니다.

양(낭)비둘기

멸종위기 야생생물

집비둘기와 비슷하게 생겼지만 매우 드문 야생 비둘기입니다.

무늬 없이 온통 흰색인 개체도 있습니다.

몸 바탕은 적갈색이며 머리와 날개 색이 더 짙습니다. 꼬리가 몸에 비해 깁니다. 생김새로 암수를 구별하기가 어렵습니다.

붉은머리오목눈이

'뱁새'로 더 잘 알려진 아주 작은 새입니다. 풀숲에서 '삐지지직 삐지지직' 재잘거리며 우르르 몰려다닙니다. 너무나도 쉴 새 없이 움직여서 얼굴 한번 보려면 한참을 쪼그리고 앉아 숨죽이며 기다려야 합니다. 보통 번식기에는 쌍을 이뤄 지내지만 번식기가 끝나면 10~50마리가 무리 지어 풀숲 사이를 오가며 먹이를 찾습니다.

우리나라를 비롯해 중국과 러시아 일부 지역에서만 삽니다. 그래서 붉은머리오목눈이를 보려고 일부러 우리나라를 찾는 외국 사람이 있을 정도랍니다. 뻐꾸기는 자기가 둥지를 틀지 않고 다른 새의 둥지에 알을 낳고 둥지 주인에게 제 새끼를 기르게 합니다. 이런 행동을 탁란(托卵)이라고 하지요. 우리나라에서는 주로 붉은머리오목눈이 둥지에다 알을 낳습니다. 원래 붉은머리오목눈이 알은 푸른색이었고 뻐꾸기도 보통 푸른색 계열 알을 낳았습니다. 그런데 어쩌다 붉은머리오목눈이가 흰색 알을 낳는 일이 있었고, 뻐꾸기 알은 자기가 낳은 알과 색깔이 다르니 바로 구별할 수 있었지요. 붉은머리오목눈이의 승리 같지만 이 사실을 알아챈 뻐꾸기도 요즘은 탁란 성공률을 높이고자 흰색 알을 낳기도 한답니다. 둘의 악연은 언제쯤 끝날까요.

텃새

Sinosuthora webbiana

Vinous-throated Parrotbill

12~13cm

논밭, 풀밭, 야산 주변

곤충, 거미, 씨앗

먹이가 부족한 겨울에는 갈대 줄기 속에서 겨울을 나는 벌레를 찾습니다.

부리와 발가락으로 씨앗 껍질을 까기도 합니다.

몰래 알을 낳고 가는 뻐꾸기 때문에
흰색 알을 낳기도 합니다.

여름에는 나뭇잎에 가려 둥지가 보이지 않지만 겨울에는 빈 둥지가 잘 보입니다.

031

딱새

전깃줄이나 나뭇가지에 앉아 습관적으로 꼬리를 까딱거리는 작은 새가 있다면 바로 딱새입니다. 하지만 수컷과 암컷의 깃 색깔이 너무 달라 서로 다른 새인가 싶어 고개를 갸웃할 수도 있어요. 꼬리를 까딱이며 앉아 있다가 벌레가 보이면 빠르게 날아가 잡아먹습니다. 벌레가 없는 겨울에는 열매나 씨앗 같은 식물 종류를 먹기도 해요.
동네 주변에서 흔히 볼 수 있습니다. 사람 사는 곳 근처에 둥지를 틀면 천적이 다가오지 않아 안전하거든요. 한번은 집 주변에 버려진 낡은 서랍에 둥지를 틀었는데 불행하게도 뻐꾸기가 탁란을 해 부모 딱새는 새끼 뻐꾸기를 키우고 있었습니다.

텃새
Phoenicurus auroreus
Daurian Redstart
14~14.5cm
마을, 밭, 야산 등
곤충, 거미, 열매

제비가 썼던 둥지에서 새끼를 키우고 있어요.

농기구 틈에 둥지를 틀었습니다.

어린새. 머리와 배에 비늘무늬가 있습니다.

수컷. 적갈색 몸, 은회색 머리, 검은 날개깃에 흰 무늬가 특징입니다.

암컷. 머리부터 허리까지는 황갈색이며, 허리부터는 적갈색입니다. 날개에 작고 흰 무늬가 있습니다.

등은 회갈색이며 검은 무늬가 있고, 배는 밝은 황갈색입니다. 머리 위로 뻗은 긴 깃이 있습니다.

종다리

종달새, 노고지리라고도 합니다. 번식기에는 날면서 끊임없이 노래를 불러요. 옛날에는 종다리가 논밭 위를 날며 노래하는 모습을 자주 볼 수 있었습니다. 종다리가 노래하는 시골 풍경은 참 평화로워 보였지요. 그러다 점점 기계로 농사짓는 곳이 많아지고 농약 사용이 늘면서 서식지와 먹이가 줄어들자 좀처럼 보기가 어려워졌습니다. 지금 우리나라에서 번식하는 종다리는 간척지에서나 드물게 볼 수 있고, 대부분은 겨울 철새로 찾아왔다가 돌아갑니다. 높이 날면서 오랫동안 노래하는 것은 대개 수컷입니다. 길게 노래할수록 암컷에게 인기가 많답니다. 새의 몸에는 9개의 공기주머니가 따로 있어서 숨을 쉬면서도 공기주머니 속 공기를 이용해 쉬지 않고 노래할 수 있습니다.

텃새 또는 겨울 철새
Alauda arvensis
Eurasian Skylark
16~19cm
간척지 풀밭, 논밭
씨앗, 곤충

우리나라에서 텃새로 살아가는 종다리는 이따금 간척지에서나 볼 수 있어요.

암컷은 높이 날아올라 아름답게 노래하는 수컷을 좋아합니다.

북방쇠종다리

매우 드물게 보이는 나그네새입니다.

겨울에 우리나라를 찾아오는 종다리는 무리 지어 지냅니다.

035

제비

여름 철새
Hirundo rustica
Barn Swallow
17~19cm
논밭, 바닷가 마을
곤충

턱시도라고 불리는 서양의 남자 예복을 동양에서는 연미복이라고 합니다. 긴 제비 꼬리를 닮은 옷이라고 해서 제비 연(燕)자와 꼬리 미(尾)자를 썼습니다. 연미복을 차려입은 제비가 전깃줄에 쪼로니 앉은 모습은 참 귀엽지요. 수컷은 꼬리깃의 흰 반점이 클수록 암컷에게 인기가 있습니다. 깃털을 먹는 기생충이 흰색 깃털을 좋아하기에 기생충 없이 건강한 수컷일수록 흰 반점이 크고 선명하기 때문입니다.

사람이 사는 집에만 둥지를 틉니다. 사람이 뱀이나 맹금류 같은 천적을 막아 줄 든든한 존재라는 것을 잘 알기 때문이지요. 논밭이 많았던 예전에는 집집마다 둥지를 볼 수 있었을 만큼 제비가 흔했습니다. 그런데 점점 논밭과 곤충이 줄어들면서 제비도 보기 어려워졌습니다. 둥지 재료와 먹이가 줄었기 때문이겠죠.

강남 갔던 제비가 봄에 돌아온다고들 합니다. 강남은 동남아시아를 가리키며, 따뜻한 그곳에서 겨울을 나고 봄에 자신이 태어났던 우리나라로 돌아오는 것입니다. 그러나 바다를 건너 먼 거리를 이동해야 하다 보니 태어난 곳으로 다시 돌아오는 제비는 50%도 되지 않는다고 해요.

언뜻 보면 몸이 온통 검은 듯하지만 가까이에서 보면 푸른 광택이 있습니다.

날면서 먹이인 곤충을 잡기 때문에 입이 큽니다.

꼬리 길이로 암수를 구별할 수 있습니다. 꼬리가 긴 것이 수컷입니다. 꼬리깃은 안쪽보다 바깥쪽이 더 길며 아래에 흰 반점이 있습니다.

번식지와 월동지(겨울을 나는 곳)로 이동할 때에는 큰 무리를 이루며, 전깃줄에서 쉬기도 합니다.

귀제비

배에 검은 줄무늬가 있고 허리는 붉습니다.

흰털발제비

발가락까지 흰 털로 덮였습니다. 기온이 떨어지면 다른 제비 무리와 뭉쳐 체온을 나누며 추위를 견딥니다.

여름 철새 또는 텃새
Sturnus cineraceus
White-cheeked Starling
22~24cm
마을, 논밭, 공원
열매, 곤충, 거미

찌르레기

저녁 무렵 한곳에 모이는 습성이 있습니다. 잠자리에 들기 전에 무리 속에서 유대감을 확인하려는 거래요. 특히 늦가을 강원도 강릉에 가면 찌르레기 수백 마리가 전깃줄에 앉은 모습도 볼 수 있습니다. 꼭 끄트머리에만 주황색으로 악센트를 준 오선지 속 음표들 같아요.
깊은 산속보다는 농촌 주변에 있는 오래된 나무 구멍이나 도시의 건물 틈에 둥지를 틉니다. 번식할 때는 다른 새들과 마찬가지로 자기 세력권(둥지를 중심으로 한 일정 영역)을 만들지만 번식이 끝나면 무리를 이뤄 먹이를 찾고 천적에게 맞섭니다. 봄과 여름에는 곤충을 잡아먹지만 곤충 수가 적어지는 가을과 겨울에는 씨앗을 먹습니다. 먹은 씨앗을 배설하며 다른 곳으로 퍼트리는 역할도 하지요. 관찰되는 찌르레기 수는 지역, 계절에 따라 해마다 변하는 특징이 있습니다.

수컷. 머리와 등은 진한 회색이고 배와 허리는 회백색입니다.

암컷. 수컷과 비슷하지만 머리와 등의 색깔이 연합니다.

어린새. 어른새와 비슷하지만 깃털 색깔이 연합니다.

번식기가 지나면 큰 무리를 이룹니다.

붉은부리찌르레기(수컷)

중국 중남부에서만 살았으나 2004년 우리나라에 처음 나타난 뒤로 점차 전국에서 보입니다.

흰점찌르레기

유럽에만 살았는데, 1980년대에 셰익스피어의 작품에 등장한다는 이유로 관심을 끌자 사람들이 북미에 들여왔습니다. 지금 북미에는 2억 마리 이상이 살며 여러 가지 문제를 일으키고 있어서 깃털 달린 총알이라고 불립니다. 사람이 생태계에 개입하는 일은 정말 신중해야 합니다. 우리나라에서는 찌르레기 무리에 섞여 한두 마리가 보이는 정도라 아직 생태계에 영향을 주지는 않습니다.

긴 깃이 있는 머리와 등은 갈색입니다. 날개는 검은 바탕에 희고 굵은 줄무늬가 있습니다. 부리는 길고 검으며 아래로 휘었습니다. 기생충을 없애려고 흙 목욕하는 모습입니다.

후투티

아메리카 원주민의 모자처럼 멋진 머리깃 때문에 한번 보면 잊을 수가 없는 새입니다. 기분을 나타내고 의사소통을 할 때 이 근사한 머리깃을 접었다 폈다 합니다.
개성 넘치는 생김새 때문에 한껏 호감이 가지만 반전이 있어요. 스컹크도 울고 갈 만큼 심한 악취를 풍긴답니다. 이 악취는 등에서 나오는 물질에서 풍깁니다. 돌 틈이나 나무 구멍 같은 곳에 둥지를 튼 다음 이 물질을 알과 둥지 주변에 바릅니다. 그러면 뱀이나 쥐 같은 포식자가 냄새 때문에 둥지 주변에는 얼씬도 하지 않아요.

여름 철새
Upupa epops
Eurasian Hoopoe
26~32cm
논밭, 풀밭, 들판, 시골 마을
곤충(특히 땅강아지), 거미, 지렁이

지붕 틈에 둥지를 틀었습니다. 수컷이 먹이를 물어다 주고 있습니다.

딱딱하지 않은 풀밭이나 논밭에서 먹이를 찾습니다.

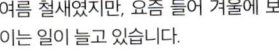

여름 철새였지만, 요즘 들어 겨울에 보이는 일이 늘고 있습니다.

황조롱이

맹금류인데 도심에서도 번식합니다. 크기가 크지 않고 비행술이 뛰어나 복잡한 도심에서도 안전하게 비행하며 먹이를 잡을 수 있기 때문이지요. 아파트 옥상쯤 되는 높이에서 '깩깩깩' 큰 소리가 들린다면 황조롱이가 살거나 먹이를 찾는 것일 테니 살펴보세요. 검은 뺨선이 뚜렷하고 꼬리 끝에 검은 띠가 있다면 황조롱이입니다. 만약 아파트 베란다에 둥지를 틀었다면 궁금하더라도 새끼가 둥지를 떠날 때까지 관심을 끊고 기다려 주는 것이 좋습니다. 자주 들여다보면 어미가 알이나 새끼를 포기하고 떠날 수도 있거든요.
주로 들쥐나 작은 새를 잡아먹습니다. 한곳에서 정지비행을 하며 먹이를 찾다가 먹이가 나타나면 내리꽂듯 사냥하지요. 시력이 아무리 좋다지만 하늘에서 풀숲에 숨은 작은 들쥐를 어떻게 찾아낼 수 있을까요? 바로 들쥐 오줌에서 나오는 자외선을 볼 수 있기 때문입니다. 금방 배설한 오줌일수록 자외선이 강합니다. 그러니까 하늘에서 황조롱이가 찾는 것은 들쥐 자체가 아니라 오줌에서 나오는 자외선인 셈이죠.

텃새
Falco tinnunculus
Common Kestrel
수컷 33cm, 암컷 36cm
날개 편 길이 65~82cm
논밭, 간척지, 마을, 야산
쥐, 새, 개구리
천연기념물

수컷. 머리와 꼬리가 청회색이며 암컷보다 덩치가 작습니다.

머리와 몸이 모두 적갈색인 암컷이 쥐를 사냥했습니다.

정지비행을 하면서 들쥐 오줌에서 나오는 자외선을 보고 있습니다.

작은 먹이는 한 발로 잡고 먹기도 합니다.

쇠황조롱이(암컷)

드물게 보이는 겨울 철새로, 황조롱이와 생김새가 비슷하지만 흰색 눈썹선이 뚜렷합니다.

말똥가리

겨울 철새
Buteo japonicus
Eastern Buzzard
수컷 52cm, 암컷 56cm
날개 편 길이 122~137cm
논밭, 간척지, 풀밭
쥐, 새, 개구리, 뱀

논이나 밭 주변에 있는 전봇대 꼭대기를 올려다보세요. 혹시 털이 복슬복슬한 맹금류가 앉아 있다면 말똥가리일 가능성이 높습니다. 높은 곳에 앉아 먹이가 나타나기를 기다리다가 먹이가 보이면 쏜살같이 날아가 사냥하는 말똥가리에게 전봇대는 매우 쓸모 있는 전망대거든요. 말똥가리를 비롯한 맹금류는 번식기가 아니면 소리를 잘 내지 않아요. 그래서 시기가 맞지 않으면 소리로 맹금류를 찾기는 힘듭니다.

겨울에 우리나라를 찾는 대표 맹금류입니다. 덩치가 큰데도 풀숲에 숨은 들쥐나 두더지를 잡으려고 정지비행을 할 때도 있습니다. 주로 쥐를 사냥하지만 작은 새도 잡아먹으며, 빠르게 날아 따라가서 잡기보다는 위에서 덮칠 때가 많습니다.

어른새. 홍채가 진한 갈색이며 생김새로는 암수 구별이 어렵습니다.

개체마다 배 무늬와 색깔이 다릅니다.

어린새. 어릴 때는 홍채 색깔이 밝은 노란색에 가깝습니다.

날개폭이 넓고 아랫면에 흑갈색 반점이 뚜렷합니다. 꼬리 윗면에 줄무늬가 있지만 아래에서는 보이지 않습니다.

큰말똥가리

멸종위기 야생생물

대부분 머리와 가슴이 희고 옆구리와 다리는 적갈색입니다.

털발말똥가리

꼬리와 날개 가장자리에 굵고 뚜렷한 줄무늬가 있습니다.

독수리

겨울 철새
Aegypius monachus
Cinereous Vulture
110~120cm
날개 편 길이 250~295cm
논, 간척지
죽은 포유류나 새
천연기념물
멸종위기 야생생물

하늘 높은 곳에서 빙빙 돌고 있는데도 무척 커 보입니다. 겅중겅중 뛰면서 날개를 펼 때면 헉 소리가 날 만큼 커서 또 놀랍니다. 가만히 앉아 있을 때는 커다란 흑갈색 망토를 걸친 것 같기도 합니다.

덩치가 너무 커 무서워 보이지만 성격은 매우 순하고 소극적입니다. 살아 있는 동물은 사냥하지 않고 까마귀나 까치가 덤비고 괴롭혀도 가만히 있을 때가 많습니다. 썩기 전에 죽은 동물을 먹어 치우니 자연의 청소부라는 별명도 얻었습니다. 동물을 먹다 보면 깃에 먹이의 피나 살점이 묻기 쉽겠지요. 그래서 머리나 목에는 깃털이 없거나 짧습니다. 짧은 솜털만 나요. 이런 특징 때문에 이름에 대머리를 뜻하는 한자말 독(禿)이 붙었습니다.

시력이 매우 좋아 높은 하늘에서 빙빙 돌다가 죽은 동물이 보이거나 까마귀 무리가 보이면 땅으로 내려앉습니다. 까마귀도 죽은 동물에 모여들기 때문에 먹이가 있다고 여기는 거지요. 덩치 큰 독수리가 갑자기 내려와 놀란 까마귀가 자리를 피하면 먹이를 먹습니다.

나이가 들수록 깃털 색이 밝아집니다. 가끔 흰색 깃도 섞여 있습니다.

살아 있는 동물을 사냥하지 않고 죽은 동물을 먹이로 삼습니다.

어린새. 깃털은 검은색에 가까울 만큼 짙습니다.

대개 몽골에서 번식하고 겨울에 우리나라를 찾습니다. 이동 경로를 연구하려고 몽골 번식지에서 독수리 날개에 표식을 달았습니다. 날개는 매우 넓고 길며 끝이 갈라집니다.

자기 세력권이 아니면 작은 새에게도 공격받고 쫓겨나기도 합니다.

황로

논길을 지나다 보면 멀리 백로들이 모여 있을 때가 있습니다. 백로라고 생각했는데 드문드문 노란빛을 띤 녀석들도 있어요. 백로인데 노란 깃털이 있다고 해서 황로라고 부르는 새입니다. 보통 백로 종류는 하천이나 저수지에서 먹이를 찾는데 황로는 논, 밭, 목장, 풀밭에서 먹이를 찾습니다. 그래서 봄에 농부가 모내기를 하려고 트랙터로 논을 갈아엎을 때면 그 뒤를 졸졸 따라다니기도 합니다. 논바닥에 숨어 있다가 튀어나오는 미꾸리나 개구리를 잡아먹으려고요. 사바나 초원에 불이 나면 누구든 도망치기 바쁠 텐데 반대로 황로는 연기를 보면 멀리서도 찾아옵니다. 불을 피해 달아나는 곤충을 잡아먹으려고요.
원래 아프리카에 살았고 지금은 거의 모든 대륙에 퍼져 삽니다. 심지어 남극에서도 발견된 적이 있대요. 이렇게 폭넓은 환경에 적응한 것을 보면 머리도 좋고 적응력도 뛰어난 듯합니다.

여름 철새

Bubulcus coromandus

Eastern Cattle Egret

46~56cm

날개 편 길이 88~96cm

논밭, 풀밭, 하천

곤충, 개구리, 새

모내기철에 트랙터 뒤를 따라다니며 먹이를 찾습니다.

번식기가 아닐 때 모습. 온몸이 하얗습니다. 목이 짧고 굵어서 생김새가 비슷한 중대백로와 구별할 수 있습니다.

번식기 모습. 머리, 목, 허리 부분이 노랗게 변합니다.

다른 백로류처럼 집단으로 모여 나무에 둥지를 틀고 번식합니다.

흑로

황로와 달리 온통 검으며, 주로 제주도와 남해안에서 보입니다.

황새

텃새 또는 겨울 철새
Ciconia boyciana
Oriental White Stork
110~115cm
날개 편 길이 195~200cm
논, 간척지, 하천, 하구
물고기, 개구리, 갑각류
천연기념물
멸종위기 야생생물

몸이 누렇지도 않은데 왜 황새라고 부르는 걸까요? 원래 이름은 크다는 뜻인 우리말 '한'이 붙은 '한새'였습니다. 누가 봐도 큰 새인 한새는 시간이 흐르면서 발음이 바뀌어 황새가 되었습니다. 황소도 노란 소가 아니고 큰 소를 뜻하는 '한소'에서 바뀐 이름입니다.

덩치가 크고, 검은 부리가 길고 뾰족하며, 눈 주변이 붉기까지 해 매서워 보입니다. 그래도 온몸 깃이 풍성해서 곰 인형처럼 푹신할 것 같아 한번 안아 보고 싶기도 합니다.

울대(새가 소리를 내는 기관)가 퇴화해 번식기에도 소리를 내지 못하기 때문에 부리를 빠르게 부딪쳐 '따다다다'거리며 의사소통을 합니다.

옛날부터 우리나라에서 번식하던 황새는 1971년 진천에서 관찰된 개체를 끝으로 멸종했지만, 다행히 복원 사업으로 인공 증식에 성공하면서 얼마 전부터 조금씩 우리 자연으로 돌아오고 있답니다. 중국과 러시아에서도 개체수를 늘리고자 노력하고 있어 겨울을 나려고 우리나라를 찾는 황새 수도 늘고 있어요. 그래서 겨울에는 예전보다는 보기가 쉬워졌습니다.

증식장 인공 둥지에서 쉬고 있습니다.

꼬리깃은 흰색입니다. 앉아 있을 때는 꼬리깃을 덮고 있는 날개깃이 까매서 꼬리 전체가 검게 보입니다.

날개 일부분만 검고 온몸이 하얗습니다.

먹황새

깃이 검은 겨울 철새로 매우 드물게 보입니다.

천연기념물
멸종위기 야생생물

겨울에 우리나라를 찾는 수가 점점 늘고 있습니다.

쇠기러기

덩치가 작은 기러기여서 이름에 작은 것을 가리키는 말 '쇠'가 붙었습니다. 엄마 화장품을 몰래 바르기라도 한 아이처럼 얼굴 앞쪽만 하얗습니다. 누군가 지나가면 목을 쭉 빼고 경계하는 모습이 호기심 많은 장난꾸러기 같기도 합니다.

날아갈 때도 꼭 줄지어 같이 가고 논에 내려앉을 때도 우르르 모여 앉습니다. 주로 가족 단위로 지내면서 새끼는 어미에게 살아가는 법을 배우지요.

쇠기러기를 비롯해 기러기, 오리 무리는 알에서 나왔을 때 처음 본 움직이는 대상을 어미로 알고 내내 따라다닙니다. 심지어 움직이는 장난감을 어미로 여기는 일도 있어요. 새끼가 알에서 깨어나면 어미는 바로 둥지를 떠나 먹이가 있고 안전한 장소로 새끼를 데려가는 방식으로 진화했기에 자연스레 새끼는 이렇게 행동하는 거지요.

겨울 철새
Anser albifrons
Greater White-fronted Goose
65~68cm
날개 편 길이 130~160cm
논, 간척지, 저수지
씨앗, 연한 줄기와 뿌리, 곡식, 곤충

몸 바탕은 흑갈색이며, 등 색깔이 조금 더 진합니다.

나이를 먹을수록 배에 있는 검은 무늬가 크고 뚜렷해집니다. 어린 새에게는 이 무늬가 없어요.

간혹 다치거나 병들어 번식지로 이동하지 못하면 우리나라에서 여름을 보내기도 합니다.

추위를 피하고 먹이를 찾으려고 이동할 때나 겨울을 지낼 때에는 큰 무리를 이룹니다.

큰기러기

쇠기러기와 함께 우리나라에서 겨울을 나는
기러기입니다. 얼굴이 하얗지 않고, 덩치가 조금 더 큰 것
말고는 쇠기러기와 다른 점이 별로 없어서 실루엣이나
날아가는 모습만 보고는 둘을 구별하기 어렵습니다.
굳이 다른 점을 찾는다면 쇠기러기는 어린아이 같고
큰기러기는 청소년 같은 느낌 정도일까요?
기러기 종류는 먼 거리를 날아갈 때 V자 모양을
이룹니다. 이러면 비행이나 하늘 길 찾기에 노련한
새를 따라 무리가 이동할 수 있다는 것도 장점이지만,
서로서로 힘을 덜 들이고 날 수 있기 때문이기도
합니다. 앞서 날아가는 새의 날개 끝에 상승하는 공기
소용돌이가 생기고, 뒤따라가는 새는 이 기류를 타기
때문에 한결 편하게 날아갈 수 있어요. 그리고 서로
격려하고 소통하고자 큰 소리를 내면서 날아갑니다.

겨울 철새
Anser fabalis serrirostris
Tundra Bean Goose
84~90cm
날개 편 길이 142~160cm
논, 간척지, 저수지
씨앗, 풀의 연한 줄기와 뿌리, 곡식, 곤충
멸종위기 야생생물

몸은 흑갈색이고 배는 흰색이며, 검은 부리 끝에 주황색 띠가 있어요. 어린새는 전체적으로 색이 연합니다.

V자 모양을 만들며 날아가는 것을 보니 멀리 이동하나 봅니다.

천적이 접근하기 어려운 물 위에서 잡니다.

큰부리큰기러기

큰기러기와 생김새가 무척 비슷하지만 부리가 더욱 두툼하고 깁니다.

두루미

겨울 철새
Grus japonensis
Red-crowned Crane
140~150cm
날개 편 길이 220~250cm
논, 갯벌
곡식, 식물 뿌리, 물고기,
개구리, 곤충
천연기념물
멸종위기 야생생물

머리에 빨간 왕관을 쓰고 기품 있게 눈밭을 거니는 모습을 보면 학춤이 왜 생겼는지 알 것 같습니다. 학(鶴)은 두루미를 가리키는 한자말입니다. 목을 쭉 빼고 날개를 빠르게 올렸다 천천히 내리며 날아가는 모습이 기러기나 백로와 다릅니다. 크게 '뚜루- 뚜루-' 운다고 해서 두루미라는 이름이 붙었습니다. 공기가 폐로 가는 길(기관)이 넓고, 큰 뼈인 용골돌기 안쪽에서 꼬여 있어 소리가 크게 울리고 증폭됩니다. 그래서 멀리서도 두루미 소리를 들을 수 있습니다. 전 세계에 사는 두루미는 15종이고 대부분 멸종 위기에 처했습니다. 그중에서 7종이 겨울에 우리나라를 찾아옵니다. 강원도 철원군, 경기도 연천군과 인천시 강화도 논이나 갯벌에 가면 가족 단위로 지내는 모습을 볼 수 있어요.

어린새. 머리와 목이 갈색입니다.

가족 단위로 생활하고 어른새는 목이 검습니다.

서 있을 때 꼬리처럼 보이는 검은 깃털은 셋째날개깃이고, 꼬리는 흰색입니다.

정수리가 붉어서 단정학(丹頂鶴)이라고도 합니다. 붉은 부분은 깃털이 아니라 피부입니다.

재두루미

멸종위기 야생생물

몸이 크고 흰색인 두루미와 달리 몸이 작고 회색이며, 눈 주변이 붉습니다. 두루미보다 더 많은 수가 우리나라에서 겨울을 납니다.

흑두루미

검은 몸통에서 흰 목이 쏙 빠져나온 것 같습니다.
학명도 이런 생김새에서 따왔습니다. 종소명인
라틴어 모나카(*monacha*)는 수녀를 뜻하는데요,
검은 깃과 흰 목이 수녀복과 비슷해 보이나요? 어린
녀석은 목이 황갈색이어서 늘 목에 흙을 묻히고
다니는 것처럼 보입니다.
겨울에 먹이를 뿌려 주는 논으로 몇 천 마리가
모이기도 합니다. 그곳에 직접 가 보면 수천 마리가
내는 소리에 한번 놀라고, 그렇게 많이 모여
있는데도 싸우지 않고 질서 있게 먹이를 먹는 모습에
또 한번 놀랍니다. 멀리서 보면 엄청나게 덩치가 큰
생명체 하나가 움직이는 것 같습니다.
아무르강 유역과 중국 북동부에서 번식하고 대개는
일본에서 겨울을 났지만, 순천만(전라남도)과
천수만(충청남도)에서 먹이 주기 행사를 시작하면서
많은 수가 겨울에 우리나라를 찾습니다.

어린새. 목이 황갈색입니다.

겨울 철새
Grus monacha
Hooded Crane
91~100cm
날개 편 길이 160~180cm
논, 간척지
곡식, 식물 뿌리, 물고기, 곤충, 개구리
천연기념물
멸종위기 야생생물

천수만. 겨울에 논에다 먹이를 뿌려 주니 많이들 찾아옵니다.

우리나라에서 볼 수 있는 두루미 종류 가운데 가장 작습니다. 멀리서 보면 깃은 다 검은 듯하지만 가까이에서 보면 회색이 더 많습니다. 정수리 붉은 부분은 두루미와 마찬가지로 피부입니다.

멀리 갈 때는 여러 마리가 무리를 짓습니다.

알락도요

못된 구석이라고는 하나도 없을 것 같은 눈망울에 길쭉한 다리, 등에는 물방울무늬 망토를 두른 듯한 이 녀석이 찾아오면 논농사가 시작되었구나 싶습니다. 겨우내 얼어 있던 논에 물을 대고 흙을 갈아엎으면 그 바람에 땅속 동물이 겨울잠에서 깨어나고, 먹이를 찾는 알락도요는 바로 이때를 놓치지 않거든요. 대개는 봄, 이따금 가을에 잠시 우리나라에 들러서 체력을 보충한 뒤에 다시 먼 길을 떠나야 하는 녀석들이 이곳에서 배불리 먹을 수 있기를 바랍니다.

깜짝 놀라면 논둑이나 흙더미에서 마치 풍경인 것 마냥 가만히 있습니다. 자기 위장술을 단단히 믿기 때문에 누가 다가와도 꼼짝하지 않습니다. 이럴 때 조심스럽게 다가가면 가까이에서 관찰할 수 있어요.

나그네새
Tringa glareola
Wood Sandpiper
20~23cm
논, 간척지
저서무척추동물, 갑각류, 복족류, 곤충

굵고 흰 눈썹선이 있습니다. 번식기에는 회갈색 등에 있는 흰 무늬가 더 뚜렷해집니다.

대개 도요 종류는 갯벌과 하구에서 보이지만 알락도요는 주로 논과 같은 민물에서 지냅니다.

최근에는 알락도요 이동 시기와 모내기 시기가 맞지 않아 논에서 보기가 점점 어려워지고 있습니다.

큰 무리를 짓지 않고 작은 무리로 이동하는 습성이 있습니다.

수컷 번식기에는 목과 가슴이 적갈색이지만 그렇지 않을 때는 몸 전체가 회갈색입니다.

흑꼬리도요

수컷은 번식기가 되면 그렇지 않아도 붉은 목과 가슴이 더욱 짙어집니다. 반드시 짝을 만나겠다는 강렬한 의지를 내비치는 듯하지요. 서양 사람들은 수컷의 불꽃같이 화려한 깃털에 매료되어 흑꼬리도요를 가장 아름다운 새 중 하나로 꼽습니다. 봄에 알락도요와 함께 농약을 적게 써서 다양한 생물이 사는 논에 찾아옵니다. 모내기를 하기 전 써레질(써레라는 농기구로 논바닥을 고르는 일)을 끝낸 논에서 긴 부리의 감각으로 물달팽이나 씨앗 등을 찾아 먹습니다.
영어 이름 갓위트(Godwit)는 속삭임을 뜻하는 고대 영어(godwin)에서 따왔습니다. 사람을 비롯한 천적이 둥지에 접근하면 경계하면서 부드러운 소리를 내기 때문입니다. 깃털이 화려해서 주변 환경을 활용해 위장하기 어렵기 때문에 가까이 다가가려 하면 민감하게 반응합니다.

나그네새

Limosa limosa

Black-tailed Godwit

36~40cm

논, 간척지, 갯벌

저서무척추동물, 갑각류, 곤충

먹이가 많은 논에서는 큰 무리를 만날 수 있습니다.

암컷. 수컷에 비해 깃털 색이 연합니다.

꼬리 끝에 크고 검은 띠가 있어서 흑꼬리도요라는 이름이 붙었습니다. 날 때는 날개 윗면의 흰 띠가 보이고, 다리는 꼬리 밖으로 나옵니다.

나그네새
Gallinago gallinago
Common Snipe
25~27.5cm
논, 작은 하천, 간척지 등 민물
저서무척추동물, 곤충, 갑각류

꺅도요

봄에는 모내기를 하기 전, 가을에는 추수를 끝낸 뒤에 물이 고인 논이나 주변 하천의 진흙 속에 부리를 찔러 넣고 먹이를 찾습니다. 크고 단단한 송곳처럼 생긴 부리를 조심스럽게 다루는 모습이 무척 세밀한 작업을 하는 전문가 같습니다. 그래서 먹이 찾기에 열중할 때에는 특히 방해하면 안 될 것 같습니다. 도요 종류의 부리 끝은 말랑말랑하고 예민한 감각 신경이 모여 있어서 부리 끝의 감각만으로 진흙 속에 숨은 먹이를 찾을 수 있습니다.
풀숲이나 벼 그루터기에 숨어 있으면 찾기가 어려울 만큼 위장술이 뛰어납니다. 저격수를 뜻하는 영어 스나이퍼(sniper)는 이런 꺅도요(Snipe)를 잘 찾아내고 명중시킬 수 있어야 한다는 데에서 나온 말입니다. 우리말 이름은 놀라서 날아오를 때 '꺅' 소리를 낸다는 데에서 비롯했습니다.

부리 쪽 검은 눈선이 넓습니다. 앉아 있을 때 꼬리가 날개깃보다 길게 나옵니다.

부리 끝의 감각만으로 진흙 속의 먹이를 찾습니다.

부리 끝이 말랑말랑해서 휘어집니다.

대부분 나그네새이지만 일부는 우리나라에서 겨울을 납니다.

 청도요

겨울에도 얼지 않는 계곡이나 하천에서 드물게 보입니다.

 멧도요

낮은 산지나 평지 풀숲에서 보입니다.

둘째날개깃 가장자리의 흰색이 뚜렷하게 보입니다.

장다리물떼새

나그네새
Himantopus himantopus
Black-winged Stilt
35~40cm
논, 간척지, 하구
저서무척추동물, 곤충, 갑각류

긴 다리로 사뿐사뿐 걷는 모습이 참으로 우아합니다. 논이나 습지 깊은 곳까지 깃털을 적시지 않고 돌아다니기에 알맞은 걸까요? 그렇다고 해도 저렇게 길쭉할 필요가 있을까 싶기도 해요. 몸집으로 비교하면 우리나라에서 보이는 새 가운데 다리가 가장 길거든요. 색은 왜 빨간지도 궁금하네요. 논이나 습지를 여유롭게 돌아다니며 다리만큼은 아니지만 역시나 가늘고 긴 부리로 젓가락질하듯이 먹이를 잡아냅니다. 전에는 보기 힘든 나그네새였으나 지금은 논이나 하구 등이 있는 마을에서는 어렵지 않게 볼 수 있습니다. 경기도 화성호 주변 논에서는 번식한 사례도 있고요. 다만 우리나라에서는 모를 심지 않은 논의 흙더미에다 둥지를 트는데 모내기를 하면 둥지가 훼손되기에 새끼를 키우기가 쉽지는 않은 상황입니다.

암컷. 등이 연한 갈색입니다.

수컷. 등이 광택 도는 검은색입니다.

장다리물떼새를 비롯해 새는 머리가 가려우면 날개 위로 다리를 올려 긁습니다.

평소에는 무리를 짓지 않지만 이동 시기가 되면 여러 마리가 무리를 짓습니다.

어린새. 머리와 뒷목이 갈색이고 등에 황갈색 비늘무늬가 있습니다.

뒷부리장다리물떼새

우리나라에서 번식한 기록이 있지만 주로 겨울에 찾아오는 물떼새 종류입니다. 부리가 위로 휘었습니다.

논은 장다리물떼새에게 아주 좋은 먹이터이면서 번식지이기도 합니다.

숲 가장자리에서 보이는 새

우리 동네 새 사전

때까치	방울새	참매
개똥지빠귀	꾀꼬리	새호리기
멧새	꿩	올빼미
노랑턱멧새	파랑새	솔부엉이
쑥새	뻐꾸기	
되새	큰부리까마귀	

때까치

동글동글한 외모로 나뭇가지나 전깃줄에 꼿꼿하게 앉아 자기가 강하다는 것을 알리기라도 하듯이 꼬리를 돌리는 모습이 무척 귀여워 보입니다. 하지만 귀여운 모습에 속으면 안 돼요. 사실 녀석은 맹금류에 버금가는 사냥꾼이거든요. 곤충을 비롯해 개구리, 장지뱀 심지어는 같은 새까지도 잡아먹습니다. 그걸 알고 나면 갈고리처럼 생긴 부리는 더욱 날카롭게, 검은 눈선 너머 눈동자는 어쩐지 매섭게 느껴집니다. 사냥한 먹이는 나무 가시나 철조망처럼 뾰족한 곳에 걸어 뒀다가 먹기도 해요. 그 이유가 정확하게 밝혀지지 않아 먹이를 편하게 찢어 먹으려고, 자기 세력권을 알리려고, 먹이를 저장하거나 숙성시키려고 한다는 등 여러 가지 해석이 있어요.
'때까 때까' 운다고 해서 때까치라는 이름이 붙었다는데, 간혹 아름답게 지저귀기도 하며 어떨 때는 이 소리로 다른 새를 유인해서 사냥하기도 합니다.

암컷. 수컷과 달리 검은 눈선이 없고 가슴과 배에 비늘무늬가 촘촘해요.

텃새

Lanius bucephalus

Bull-headed Shrike

18~21cm

숲 가장자리, 하천 주변 풀밭, 간척지, 논밭 등

곤충, 개구리, 뱀, 새

어린새. 암컷과 생김새가 비슷하고 날개를 제외한 몸 전체에 비늘무늬가 있습니다.

쥐를 꽂아서 먹고는 남겨 뒀습니다.

몸에 비해 머리가 크고 꼬리가 깁니다. 수컷은 넓고 검은 눈선과 흰 눈썹선이 있습니다.

사냥한 장지뱀을 꽂아 놨습니다.

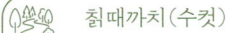
칡때까치(수컷)

여름 철새이며, 주로 숲 가장자리에서 보입니다.

물때까치

겨울 철새로 간척지나 들판에서 쥐와 작은 새를 사냥합니다.

눈썹선은 희고 굵습니다. 등은 어두운 적갈색이며, 배는 흰색이고 가슴에 검은 띠가 있습니다. 가슴과 옆구리에 검은 삼각무늬가 많습니다. 수컷은 전체적으로 색이 짙어요.

개똥지빠귀

타닥타닥 부스럭부스럭, 조용한 덤불이 소란합니다. 소리를 좇아 살금살금 다가가면 그리 어렵지 않게 녀석을 찾을 수 있어요. 하지만 잠시 살펴볼 틈도 없이 휙 날아가 버립니다. 지빠귀 종류는 날면서 사냥하지 않습니다. 주로 공원이나 밭을 달리고 서기를 거듭하며 흙이나 낙엽 등을 들추면서 열매나 곤충, 거미 같은 작은 동물을 잡아먹습니다. 그래서 지빠귀가 있으면 고요한 풀숲이 시끄러워지는 거지요. 예전에는 겨울에 10~30마리가 모인 무리를 쉽게 볼 수 있었는데, 어떤 이유에서인지 갈수록 눈에 잘 띄지 않네요.

암컷. 수컷에 비해 색깔이 연합니다. 어린새도 그래서 둘을 구별하기가 어렵습니다.

겨울 철새
Turdus eunomus
Dusky Thrush
23~25cm
공원, 풀밭, 과수원, 하천
곤충, 지렁이, 거미, 열매

땅에서 무리 지어 먹이를 찾다가 사람이 다가가니 재빨리 날아올라 전깃줄에 앉았습니다.

노랑지빠귀 (수컷)

개똥지빠귀보다 등과 배에 적갈색 무늬가 많습니다.

멧새

멧새를 보고 참새라고 여기는 사람이 많습니다. 그도 그럴 것이 크기와 깃털 색과 무늬가 참새와 비슷합니다. 또는 숲이나 들에서 참새 비슷하게 생긴 작은 새를 보면 멧새라고 생각하는 사람도 많고요. 참새와 생김새는 비슷하지만 사는 곳이 다르며, 소리 또한 높고 청아해서 구별됩니다. 참새와 달리 마을 주변에 살지 않습니다. 옛날에는 산이나 강 주변에서 흔히 보였고요, 요즘은 사람이 잘 찾지 않는 맑은 하천 주변 풀밭에서 지냅니다. 둥지는 풀밭 바닥에 감쪽같이 위장해서 틀기 때문에 거의 보이지 않습니다. 그러나 요즘은 우리나라에서 번식하는 일은 드물고 대부분 겨울에 날아온 새들이 보입니다. 땅에 떨어진 작은 씨앗을 주로 먹지만 번식기에는 애벌레를 잡아 새끼에게 먹입니다.

텃새
Emberiza cioides
Meadow Bunting
16~17cm
풀밭, 들판, 하천 주변
씨앗, 곤충, 거미

새끼에게 먹일 애벌레를 잡았습니다.

암컷. 눈 앞쪽과 턱선, 깃털 색이 모두 수컷보다 옅습니다.

수컷. 눈 앞쪽과 턱선이 검습니다. 번식기가 되면 깃털의 적갈색이 더욱 뚜렷해집니다.

알은 흰 바탕에 검은 줄무늬가 있습니다.

암컷. 수컷에 비해 전체적으로 색이 연하고, 정수리와 뺨, 앞가슴이 갈색입니다.

노랑턱멧새

삐죽 솟은 노란색 머리깃이 멀리서도 눈에 띕니다. 눈이 소복하게 쌓인 곳에서는 검은 깃과 노란 깃이 더욱 돋보이지요. 수컷은 놀라거나 호기심이 생길 때 머리깃을 뿔처럼 세웁니다. 번식기에 높은 나무 위에서 수컷이 지저귀는 소리도 아름답습니다.

우리나라에서 번식하는 텃새도 있지만, 겨울에 추위를 피하고 먹이를 구하고자 북쪽 지역에서 우리나라를 찾아오기 때문에 겨울에 더 많이 보입니다. 곤충이나 거미 같은 작은 동물이 사라진 겨울에는 풀씨를 먹기도 해요.

흔히 사람들은 큰 나무로 우거진 숲에 새가 많을 거라고 생각합니다. 하지만 환경이 단조로운 숲속보다는 큰 나무, 작은 나무, 풀, 바위, 물, 흙 등 여러 요소가 어우러진 숲 가장자리나 계곡 주변에서 훨씬 많은 새를 볼 수 있습니다.

텃새
Emberiza elegans
Yellow-throated Bunting
14.5~16cm
산림, 덤불, 논밭, 숲 가장자리
곤충, 풀씨, 거미

수컷. 등은 적갈색이며 흑갈색 무늬가 있고 옆구리에
연한 갈색 줄무늬가 있습니다.

번식기에는 애벌레처럼 단백질이 많은 먹이를
잡아다 새끼에게 먹입니다.

작은 새 가운데는 노랑턱멧새처럼 얼굴이 좌우로
납작한 종이 많습니다. 이런 생김새면 시야가 더
넓어지거든요.

주로 땅에서 먹이를 찾다가 놀라면 나무 위로 날아갑니다.

쑥새

참새와 꽤 닮았지요? 삐죽삐죽 짧은 머리깃은 움직일 때마다 올라갑니다. 부리는 머리 크기에 비해 작고 연분홍빛이 돌아 어쩐지 연약해 보입니다.
새는 번식기가 되면 새끼를 안전하게 키우려고 세력권을 확보하고 다른 새나 천적이 침입하지 못하도록 하는 데에 힘을 쏟습니다. 그러나 번식이 끝나고 먹이가 부족한 겨울이 오면 같은 종은 물론 다른 종과도 함께 다니며 먹이를 찾고 천적에 맞섭니다. 쑥새는 노랑턱멧새와 무리를 이룰 때가 많습니다. 그래서 그런지 둘은 소리도 비슷합니다. 쑥새보다는 노랑턱멧새가 더 민감해 외부 자극에 먼저 반응을 보일 때가 많습니다.

겨울 철새
Emberiza rustica
Rustic Bunting
14.5~15.5cm
숲 가장자리, 논밭, 들판, 하천 주변
곤충, 거미, 풀씨

암컷. 수컷에 비해 얼굴과 머리에 연한 갈색 깃이 많습니다.

수컷. 얼굴과 정수리에 검은 깃이 많습니다. 암수 모두 눈썹선, 턱밑, 뺨밑선은 황백색입니다. 등에는 검은 세로무늬, 허리에는 굵은 비늘무늬가 있습니다.

번식기 수컷. 얼굴이 더욱 검게 바뀝니다.

도새

무뚝뚝해 보이는 얼굴과 달리 깃털 색은 화사해서 적막한
겨울 풍경에 꼭 봄이 찾아온 것 같습니다.
땅바닥에서 단풍나무나 느릅나무 열매 등을 찾을 때 보면
몇 마리 없는 것 같은데, 무엇에 놀랐는지 한꺼번에 짧게
날아올랐다가 우르르 나무에 내려앉아서 시끌벅적 떠들어
대는 것을 보면 수가 무척 많습니다.
낮에는 작은 무리로 흩어져서 먹이를 찾고 저녁이 되면
잠자리를 찾아 한곳으로 모입니다. 옛날에는 수십만 마리에
이르는 큰 무리를 이루기도 했습니다. 겨울철에 무리를
짓는 규모는 번식지의 날씨와 먹이 상황 등에 따라 해마다
달라집니다. 무리가 날개를 쭉 펴고 나는 모습이 참 멋져요.
쑥새와 더불어 대표적인 겨울 철새입니다.

겨울 철새
Fringilla montifringilla
Brambling
14~16.5cm
공원, 하천 주변, 과수원, 논밭
씨앗, 열매

번식기 수컷. 머리와 등이 검은색입니다. 번식기가 아닐 때에는 암컷과 생김새가 비슷하지만 가슴 주황색이 더 진합니다.

때때로 매우 큰 무리를 이뤄 우리나라를 찾아옵니다.

암컷. 얼굴은 회색이고 등에 검은 줄무늬가 있습니다.

밀화부리(수컷)

점점 자주 보이고 우리나라에서 번식하는 개체도 많아지고 있습니다.

멋쟁이새(수컷)

매년 보이지는 않고 주기적으로 찾아오는 시기가 있습니다.

방울새

"방울새야 방울새야 쪼로롱 방울새야"
동요에 나오는 그 새입니다. 노랫말처럼
'쪼로로롱 쪼로로롱' 내는 소리가 꼭 방울이
굴러가는 것 같습니다.
앉았을 때는 슬쩍슬쩍 보이다가 날 때면 잘
보이는 날개깃의 샛노란 빛이 정말 곱습니다.
자연이 만들어 내는 노란색은 역시 다르구나
싶을 정도로요. 부리가 제법 두툼하지요?
크고 단단한 턱 근육의 힘을 전달해 딱딱한
씨앗을 쪼개는 데에 알맞습니다. 부리로
씨앗을 쪼개고 나면 혀를 요리조리 써서 씨앗
껍질을 마저 벗겨 냅니다.
텃새여서 1년 내내 전국에서 볼 수 있지만
겨울에는 쑥새와 되새처럼 큰 무리를 지어서
더욱 눈에 띕니다.

암컷. 수컷에 비해 전체적으로 색이 연합니다.
얼굴과 멱에 노란 깃이 없어요.

텃새
Chloris sinica
Grey-capped Greenfinch
13~15cm
숲 주변, 논밭, 바닷가
씨앗, 열매, 곤충

번식기가 지나면 무리 지어 활동합니다.

수컷. 머리와 뒷목은 밝은 회색이고 얼굴과 멱에 노란 깃이 있습니다.

부리와 혀를 써서 씨앗 껍질을 능숙하게 벗겨 냅니다.

검은머리방울새

전체적으로 노란색이고 옆구리에 흑갈색 줄무늬가 있으며, 수컷 머리는 검습니다.

어린새. 등과 배에 줄무늬가 있어 어른새와 구별됩니다.

꾀꼬리

여름 철새
Oriolus chinensis
Black-naped Oriole
26~27cm
야산, 공원, 하천 주변
곤충, 열매

아름답게 노래를 부르다가 갑자기 '꽥꽥' 소리치면 당황스럽습니다. 노래 잘하기로 유명한 꾀꼬리는 서른두 가지 멜로디를 낼 수 있답니다.
다양하게 내는 소리만큼이나 생김새도 인상 깊습니다. 대비를 이루는 샛노랗고 검은 깃, 분홍빛 부리, 눈 가면 같은 넓고 검은 눈테까지. 이런 새가 동네 주변에 산다는 것이 놀라울 만큼 화려해요. 그래서인지 날아가는 모습을 보면 기분이 좋아집니다.
꾀꼬리의 반전은 여기서 끝이 아닙니다. 다른 새 둥지를 부수고, 심지어는 거기에 있는 알이나 새끼를 먹어 치우기까지 해요. 그러면서 누가 자기 둥지에 접근할라치면 그게 누구건, 다른 새는 물론이고 개, 고양이, 사람까지도 공격합니다.
최근에는 기후 변화 영향인지 우리나라 곳곳에서 어렵지 않게 볼 수 있습니다.

몸 바탕은 노란색이고 날개는 검은색입니다. 부리는 분홍색이고 눈선은 넓고 검습니다.

수컷(왼쪽) 깃은 샛노랗고, 암컷(오른쪽)은 등에 녹색 빛이 돕니다. ⓒ 박철우

날 때 검은색 날개가 잘 보입니다.

어린새. 가슴과 배에 검은 줄무늬가 있고, 등은 녹색 빛이 도는 노란색입니다.

암컷(까투리). 무늬와 빛깔이 수수하고 다 자란 어린새와 구별이 어렵습니다.

알에서 갓 깨어난 새끼(꺼병이)는 바로 어미를 따라 둥지를 떠날 수 있습니다.

꿩

꿩과 처음 마주친 사람들은 대부분 이렇게 말합니다. "아무 생각 없이 논밭길(또는 산기슭)을 걷다가 푸드덕 날아오르는 새 때문에 깜짝 놀랐는데 보니까 꿩이더라고요." 나름 도망치려고 날아올랐을 텐데 그리 멀리 가지는 못하고 내려앉습니다. 그도 그럴 것이 몸은 무겁고 수컷 꼬리는 날기에 너무 거추장스럽습니다.

깃 색깔이 현란하거나 꼬리가 지나치게 길면 생존에 도움이 되지 못합니다. 천적의 눈에 잘 띄고, 재빨리 도망치는 데에도 방해가 될 테니까요. 그런데도 왜 수컷(장끼)은 깃털이 화려하고 꼬리가 길까요? 암컷(까투리)에게 선택받아 짝을 짓는 것이 무엇보다 중요하기 때문입니다. 수컷의 현란한 깃털, 긴 꼬리는 건강함을 상징합니다. 암컷은 건강한 유전자를 지닌 새끼를 낳고자 깃털과 꼬리 상태를 보며 수컷을 고르거든요.

생존보다 번식을 더 중요하게 여긴다는 것을 증명하듯이 수컷은 여러 암컷과 짝을 이룹니다(일부다처제).

텃새

Phasianus colchicus

Common Pheasant

수컷 85~95cm, 암컷 56~60cm

숲 주변 풀밭, 논밭, 간척지

씨앗, 나무 열매, 곤충

수컷(장끼). 얼굴에는 붉은색 피부가 드러나 있고 무늬와 빛깔이 무척 화려하고 꼬리도 깁니다.

번식기에 수컷은 홰를 치며 '꿩 꿩'하고 울어 암컷에게 자기가 있다는 것을 알립니다.

들꿩 (수컷)

계곡 주변에서 주로 보이며 꼬리가 짧습니다. 이른 봄에 날카롭고 높은 소리를 냅니다.

파랑새

벨기에 동화 속 파랑새는 행복을 상징하는 새이니만큼 왠지 소리도 아름다울 것 같습니다. 그렇게 상상하고 실제 파랑새 소리를 들으면 실망할 수도 있을 거예요. 괴팍하게 우는 개구리 소리 같거든요.
사실 동화 속 파랑새는 우리나라에서 볼 수 있는 파랑새와는 다른 종입니다. 우리나라에서 찾는다면 큰유리새나 쇠유리새가 더 비슷해요. 몸은 이름처럼 파랗기보다는 짙은 녹색에 가까운데 멀리서 보면 검은색으로 보이기도 합니다. 영어권 나라에서는 날 때 날개 아랫면에 보이는 흰 무늬가 동전 같다고 해서 달러버드(Dollarbird)라고 부릅니다. 일상의 소소한 행복이 중요하다는 것을 알리는 새의 이름 치고는 썩 어울려 보이지는 않네요.
예전에 비해 요즘은 여름에 전국에서 흔히 보입니다.

여름 철새
Eurystomus orientalis
Oriental Dollarbird
27~32cm
야산, 논밭 주변, 들판, 시골 마을
곤충, 거미

날개 아랫면의 흰색 무늬가 동전 같아 보이나요?

어린새. 광택이 없고 부리 색도 탁합니다.

짙은 녹색 몸에 까만 얼굴, 빨간 부리가 인상 깊습니다. 암수가 매우 닮아 구별이 어려워요.

날면서 잠자리 같은 큰 곤충을 잡을 수 있습니다.

둥지로 날아들었습니다. 주로 나무 구멍에 둥지를 틀지만 까치 둥지도 활용합니다.

물에 뛰어들었다 날아오르면서 더위를 식힙니다.

긴 꼬리와 뾰족한 날개 모양 때문에 맹금류로 착각하기도 합니다.

여름 철새

Cuculus canorus

Common Cuckoo

32~34cm, 날개 편 길이 55~60cm

산림, 초원, 논밭, 시골 마을

털이 많은 애벌레, 곤충, 거미

뻐꾸기

뻐꾸기를 본 적이 없는 사람이더라도 뻐꾸기 소리는 단번에 알아차립니다. 정말이지 '뻐꾹 뻐꾹' 우니까요. 어디에서 우는 것인지 보기는 어렵지만 친숙한 소리 때문인지 옛날부터 우리나라에 늘 있던 새 같지요. 하지만 놀랍게도 머나먼 아프리카에서 날아온답니다. 아까시나무 하얀 꽃이 향기를 퍼트리는 무렵 우리나라에 도착해 '뻐꾹 뻐꾹' 울며 짝을 찾아요.

"뻐꾸기가 둥지를 틀었다"라는 말은 얼토당토않은 일을 비꼴 때 씁니다. 뻐꾸기는 둥지를 틀지 않고 다른 새 둥지에 몰래 알을 낳아 그 둥지 주인이 뻐꾸기 알과 새끼를 돌보게 합니다. 이런 습성을 탁란(托卵)이라고 합니다.

뻐꾸기에게 이용당하는 새는 붉은머리오목눈이, 딱새, 개개비 등입니다. 탁란에 성공하려면 둥지 주인의 알과 비슷하게 생긴 알을 낳아야 하고 반드시 뻐꾸기 새끼가 둥지 주인의 새끼보다 먼저 알에서 깨어 나와야 합니다. 어떻게 이런 일이 가능할까요? 뻐꾸기 암컷이 치밀하게 계산해서 몸속 알의 상태를 조절할 수 있기 때문입니다. 수컷은 암컷이 알을 낳으면 천적이 오지 못하도록 주변을 지킵니다.

몸은 청회색이고 날개는 어두운 회색입니다. 배는 흰 바탕에 검은 가로 줄무늬가 촘촘하게 있습니다.

딱새 수컷이 자기 새끼인 줄 알고 뻐꾸기 새끼에게 먹이를 먹입니다.

검은등뻐꾸기

등 색깔이 어둡고 꼬리에 굵은 줄무늬가 있습니다.

매사촌

산림에서 드물게 보입니다.

큰부리까마귀

진짜 '까마귀'는 우리나라에서는 보기 어려운 종입니다. 우리가 흔히 보며 까마귀라고 부르는 새는 바로 큰부리까마귀입니다. 최근에는 시골뿐만 아니라 도시에서도 적응해 살아가는 개체가 늘어나고 있지요.

깃털이 검고 죽은 동물을 먹는다고 해서 옛날부터 흉조로 여겨진 탓에 널리 알려지지 않았지만 까마귀 종류는 매우 영리합니다. 나뭇가지나 돌처럼 자연에서 구할 수 있는 도구를 이용해서 먹이를 꺼내기도 하고, 심지어 달리는 차를 이용해 껍데기를 부수려고 단단한 견과류를 도로에 던져 놓기도 합니다. 껍데기가 부서졌다고 해서 바로 먹으러 가지도 않고 안전하게 보행 신호로 바뀌기를 기다렸다가 다가가 알맹이를 먹습니다. 다른 새의 소리는 물론 사람이 하는 말도 흉내 냅니다. 사람 얼굴을 기억해 뒀다가 자기에게 나쁘게 행동했던 사람은 먼 거리에서도 알아보고 피합니다.

까마귀 종류가 이렇게 똑똑한 것은 다른 새에 비하면 비정상이라 할 만큼 뇌가 크기 때문입니다. 일부 연구자에 따르면 까마귀의 지능이 7세 아이와 같을 수 있다고도 하네요.

텃새

Corvus macrorhynchos
Large-billed Crow
46~59cm, 날개 편 길이 100~130cm
논밭, 바닷가, 산림
죽은 동물, 과일을 비롯한 열매, 음식물

머리는 헬멧을 쓴 것처럼 둥글고 부리는 거대합니다.

어린새. 갈색 깃털이 있고 머리가 둥글지 않은 개체가 많습니다.

가까이에서 보면 보라색 광택이 도는 검은색입니다. 대개는 이마와 부리가 거의 직각을 이룹니다.

떼까마귀

평소에는 죽은 동물을 먹지만 번식기에는 직접 사냥하기도 합니다.

겨울 철새로 논에서 큰 무리가 떼 지어 다니며 먹이를 찾습니다. 부리 끝이 뾰족합니다.

흰색 눈썹선이 뚜렷합니다. 등은 어두운 청회색이고 배에는 가로 줄무늬가 빽빽합니다.

참매

텃새
Accipiter gentilis
Eurasian Goshawk
수컷 50cm, 암컷 56cm
날개 편 길이 93~105cm
산림, 간척지, 하구, 논밭
포유류, 새, 개구리, 뱀
천연기념물
멸종위기 야생생물

삼국 시대부터 참매 사냥 솜씨에 반한 사람들이 어린새(보라매)를 길들여 꿩을 잡는 데에 이용했습니다. 이를 '매사냥'이라고 합니다. 몸이 날렵한 유선형이어서 매우 빠르게 날 수 있고 덩치에 비해 힘이 세서 사냥 능력이 아주 뛰어납니다. 낚아챈 사냥감은 긴 발톱으로 움켜쥐고 죽을 때까지 기다렸다가 먹습니다.

대부분 새는 정보를 시각에 의존하기 때문에 다른 동물에 비해 시력이 좋습니다. 맹금류는 그중에서도 월등합니다. 멀리 있는 물체를 뚜렷하게 식별할 수 있을 뿐만 아니라 빠른 속도로 날면서도 먹이나 장애물을 정확하게 구별할 수 있습니다. 사람은 100km로 차를 몰 때 순식간에 스치는 도로 표지판 속 글씨를 볼 수 없지만 맹금류라면 가능하지요.

눈은 크고 정면을 향합니다. 빠르고 정확하게 정보를 파악하는 최고의 감각 기관입니다.

맹금류 뒤통수에는 흰 반점이 있습니다. 동료들에게 자기를 사냥감으로 착각하지 말라고 알려 주는 맹금류만의 표식 같은 거지요.

새매(수컷)

천연기념물
멸종위기 야생생물

참매 축소판이라 불릴 만큼 닮았지만 배가 붉습니다.

어린새. 갈색이고 배에는 세로로 줄을 이룬 굵은 물방울무늬가 뚜렷합니다.

새호리기

여름 철새
Falco subbuteo
Eurasian Hobby
28~31cm
날개 편 길이 74~84cm
산림, 논밭, 풀밭
곤충, 쥐, 작은 새
멸종위기 야생생물

구레나룻으로 포인트를 주고 키가 커 보이도록 세로 줄무늬 티셔츠를 입은 것 같습니다. 거기에 웬만한 자신감으로는 소화하기 어려운 빨간 바지를 입고, 날카로운 날개 끝선으로 맵시를 더했습니다. 이쯤이면 맹금류계의 패셔니스타라 할 만하지 않나요?
길고 뾰족한 날개로 여름 하늘을 가르며 나는 모습이 인상 깊습니다. 높은 곳에서 갑자기 내리꽂는 속도로는 더 빠른 새도 있지만 스스로 날갯짓하며 직선 비행하는 데에는 새호리기가 탁월합니다. 무려 시속 160km까지도 속도를 낼 수 있습니다. 빠르게 날면서 잠자리나 작은 새를 사냥합니다. 사냥에 성공하면 쥐고 있던 먹이를 부리로 가져가 털이나 날개를 떼며 손질하거나 먹기도 합니다.

가을철 이동기에는 빠른 속도로 날면서 잠자리를 사냥합니다.

날면서 사냥하고 먹기도 합니다. 날개는 폭이 좁고 길며 뾰족합니다.

가슴과 배에 검은 세로 줄무늬가 있습니다. 아랫배와 아래꼬리덮깃은 붉습니다. 어린새(왼쪽)는 배의 붉은빛이 덜하고 눈테와 부리가 청회색입니다.

비둘기조롱이(어린새)

새호리기와 생김새가 비슷하지만 코 주변의 피부(납막)와 다리가 주황색입니다. 주로 가을철 논에서 잠자리 잡는 모습을 볼 수 있습니다.

몸매가 날씬하며 전체적으로 맵시가 있습니다.

올빼미

밤에 쥐나 새를 사냥합니다.

영화나 드라마에서 스산한 밤 풍경을 묘사할 때 꼭 등장하는 것이 올빼미 소리입니다. 무언가 불길한 일이 일어날 것 같은 분위기를 조성할 때에도 안성맞춤이지요. 야행성이라 대개는 소리로만 있다는 것을 알 뿐 실제로 보기는 어렵습니다. 낮에 쌍안경으로 숲을 훑다가 올빼미의 눈과 딱 마주칠 때가 있는데요, 눈빛이 매서워서 등골이 오싹해질 정도입니다. 역시 괜히 영화나 드라마에 나오는 것이 아닌가 봐요.

올빼미는 사람처럼 눈알을 움직일 수 없어서 정면만 응시합니다. 그럼 옆이나 위아래는 어떻게 볼 수 있을까요? 고개를 270도까지 돌릴 수 있어서 어느 방향이든 문제없습니다. 심지어는 뒤까지 볼 수 있습니다. 그래서 목뼈가 사람보다 두 배 넘게 많습니다.

똑같이 야행성 맹금류로 한 식구인 올빼미와 부엉이를 헷갈려하는 사람들이 있습니다. 둘을 쉽게 구별하고자 흔히 머리에 귀처럼 솟은 깃털(귀깃)이 있으면 부엉이, 없으면 올빼미라고들 하는데요, 반드시 그렇지는 않습니다.

오래된 나무에 둥지를 틀고 그 주변에서 먹이를 찾는데 먹이와 둥지 틀 나무가 줄면서 보기 어려워지고 있습니다.

텃새

Strix aluco

Tawny Owl

45~47cm

날개 편 길이 80~105cm

야산, 시골 마을, 공원

포유류, 새, 개구리, 뱀, 곤충

천연기념물

멸종위기 야생생물

고개를 270도까지 돌릴 수 있어 뒤를 보는 데에도 문제가 없습니다.

등과 배에 있는 굵은 세로 줄무늬에 가로 줄무늬가 섞여 있습니다. 눈은 검고 부리는 푸른빛 도는 노란색입니다. 발톱이 크고 날카롭습니다.

긴점박이올빼미

멸종위기 야생생물

주로 울창한 숲속에 삽니다. 올빼미와 달리 배에 가로 줄무늬가 섞여 있지 않으며, 부리는 밝은 노란색입니다.

금눈쇠올빼미

우리나라 올빼미 종류 가운데 가장 작으며, 겨울에 들판이나 간척지 등에서 드물게 보입니다.

솔부엉이

여름 철새
Ninox japonica
Northern Boobook
27~33cm
날개 편 길이 66~70cm
숲, 공원, 야산
쥐, 새, 곤충
천연기념물

너무 앙증맞지만 이래 봬도 갖출 것은 다 갖춘 맹금류입니다. 귀깃이 없고 밤에만 움직이는 다른 부엉이 종류와 달리 가끔 낮에 활동하기도 합니다. 맹금류는 대개 암컷이 수컷보다 덩치가 크지만 솔부엉이 종류는 반대로 수컷이 암컷보다 큽니다.

주로 밤에 사냥하는 부엉이나 올빼미는 다른 새에 비해 색깔을 구분하는 세포가 적은 대신에 밝기를 감지하는 세포가 아주 많습니다. 어두운 밤에도 물체와 부딪히지 않고 날 수 있는 이유지요. 하지만 투명한 유리창이 있거나 밤에 갑자기 자동차나 카메라 불빛이 비치면 순간 물체를 인식할 수 없어 부딪히기도 합니다.

솔부엉이는 여름 철새이지만 생김새가 비슷한 쇠부엉이와 칡부엉이는 드물게 보이는 겨울 철새입니다.

먼 바다를 건너 여름에 우리나라에 찾아옵니다.

몸 바탕은 짙은 갈색이고 배에 굵은 세로 줄무늬가 있습니다. 머리와 등은 어두운 갈색이며 줄무늬가 없습니다.

둥지를 틀기에 적당한 곳이 없으면 까치 둥지를 쓰기도 합니다.

쇠부엉이

천연기념물

ⓒ 정진문

대개 하천 주변 풀밭에서 보입니다. 짧은 귀깃이 있습니다.

숲 속에서 보이는 새

우리 동네 새 사전

박새	쇠딱다구리	되지빠귀
쇠박새	오색딱다구리	흰배지빠귀
곤줄박이	청딱다구리	호랑지빠귀
동고비	산솔새	소쩍새
오목눈이	굴뚝새	수리부엉이
어치	큰유리새	

박새

자그마한 몸집에 배까지 이어지는 검은색 넥타이를 맸습니다. 부산스럽기로는 참새 못지않아서 나뭇가지 사이를 쉴 새 없이 오갑니다. 직박구리, 참새, 멧비둘기와 더불어 주변에서 흔하게 볼 수 있습니다.

지능이 꽤 높다고 알려졌습니다. 시행착오를 수정하며 문제를 해결하는 것이 아니라 통찰력을 발휘해 문제를 풀어 갑니다. 영국에서 관찰한 예로, 한 박새가 우유병 뚜껑을 제거하고 우유를 마셨으며, 이 방식은 주변의 다른 박새들에게도 전해졌다고 합니다. 또한 가느다란 침엽수 잎을 좁은 나무 구멍 속으로 밀어 넣어 그 속에 있던 애벌레가 물게 한 뒤에 빼내어 잡아먹기도 합니다.

박새를 비롯해 참새목에 속하는 여러 새의 새끼는 눈도 못 뜬 채 벌거숭이 상태로 부화합니다. 그래서 오랜 기간 둥지에서 어미의 보살핌을 받습니다.

텃새
Parus major
Great Tit
14~15cm
산림, 덤불, 숲 가장자리, 공원
곤충, 씨앗, 열매

암컷. 수컷보다 검은 줄이 가늘고 흐립니다.

갓 부화한 새끼. 털도 하나 없고 눈도 뜨지 못합니다.

수컷. 턱부터 배를 지나 꼬리까지 이어지는 검은 줄이 있습니다. 꼭 넥타이를 맨 것 같습니다.

머리는 검고 등은 청회색과 녹황색이 섞여 있습니다. 번식기에는 등의 녹황색이 더 짙어집니다.

쇠박새

박새보다 덩치가 작아서 '쇠'박새입니다. 언뜻 베레모를 쓰고 나비넥타이를 맨 듯한 것이 멋을 낸 꼬마 예술가 같습니다. 암수 생김새가 비슷해 구별하기가 어렵습니다.
박새와 달리 다양한 소리를 낼 수 있습니다. 다섯 가지 이상 소리를 바꿔 가며 내기에 여러 마리 새가 있다고 착각하기 쉽습니다.
가을에는 씨앗과 열매를 땅속이나 나무 틈 등에 저장해 둡니다. 쇠박새와 박새가 잡아먹는 벌레 양을 해충 방제 비용으로 환산한 연구가 있었는데요, 그에 따르면 한 쌍이 벌레를 사냥하며 발생하는 경제 효과가 약 48만 원에 이른답니다.

텃새
Poecile palustris
Marsh Tit
11~12cm
산림, 덤불, 숲 가장자리, 공원
곤충, 씨앗, 열매

이마에서 뒷머리까지 검은색입니다. 등은 회갈색이고 둘째날개깃 바깥쪽은 색이 밝습니다. 배는 밝은 회갈색이며 박새와 달리 검은 줄무늬가 없습니다.

번식기에는 주로 애벌레를 잡아먹습니다. 멱이 검지만 박새에 비해 폭이 좁습니다.

겨울에는 작은 씨앗을 발가락으로 잡고 부리로 껍질을 벗겨 내고 먹습니다.

진박새

등은 청회색이고 배는 회색입니다. 머리깃을 세우기도 합니다.

노랑배진박새(수컷)

진박새와 비슷하나 배가 노란색입니다.

127

곤줄박이

호기심이 많고 사람을 무서워하지 않아서 휘파람을 불거나 '피-쓰스스스' 하고 새소리를 흉내 내면 가까이 다가오기도 합니다. 눈 내린 겨울 산에서는 먹이를 찾기 어렵기에 등산객이 주는 먹이도 곧잘 먹습니다. 견과류나 과자를 손에 올려놓으면 날아와 손 위에 앉기도 합니다.

가을에 땅속, 나무껍질 같은 곳에 씨앗을 저장해 뒀다가 겨울에 꺼내 먹는데요, 숨긴 곳을 찾지 못하는 일도 많습니다. 곤줄박이에게는 안된 일지만 그런 씨앗은 이듬해 싹을 틔우기도 하니 의도치 않게 식물의 번식을 돕는 셈이지요.

텃새
Sittiparus varius
Varied Tit
13~15cm
산림, 공원
곤충, 거미, 씨앗, 열매

배가 붉은 어른새(왼쪽)와 달리 어린새(오른쪽)는 배가 누렇습니다.

암수 생김새가 비슷해요. 머리는 검고 머리 한가운데에 황백색 가는 줄무늬가 있습니다. 이마와 뺨은 연한 노란색이고, 등은 청회색이며 배는 적갈색입니다.

발로 열매를 꽉 잡고 큰 부리로 껍질을 깨고 있어요.

때죽나무 열매를 물고 저장할 곳을 찾고 있습니다.

동고비

텃새
Sitta europaea
Eurasian Nuthatch
13~14cm
산림, 공원
곤충, 거미, 씨앗

오묘하게 예쁜 청회색 옷을 입고 고개를 바짝 든 채 굵은 나무줄기 아래로 거침없이 내려오는 모습이 꼭 능숙한 서커스 단원 같습니다. 겨울에는 소리를 잘 내지 않지만 이른 봄에는 숲속에서 높은 음으로 '피잇, 피잇'하며 지저귑니다. 온 숲에 봄을 알리는 신호 같습니다. 나무줄기를 타고 내려오면서 나무껍질 사이에 있는 먹이를 찾습니다. 위를 향해 앉아 줄기를 타고 올라가며 먹이를 찾는 딱다구리와 딱 반대되는 모습입니다. 동고비와 딱다구리는 같은 곳에서 먹이를 찾습니다. 동고비는 먹이 경쟁을 피하고자 본능적으로 딱다구리와 반대로도 움직이는 거지요. 그렇다고 아래로만 나무를 타는 것은 아닙니다. 자유롭게 오르락내리락할 수 있어요. 동고비처럼 위아래로 나무를 타는 새로는 나무발발이도 있는데요, 동고비와 달리 겨울 철새입니다.

등은 밝은 청회색이고 멱과 가슴은 흰색입니다. 굵고 검은 눈선이 뚜렷하고 옆구리와 아래꼬리덮깃은 적갈색입니다.

딱다구리가 쓰고 버린 둥지를 씁니다. 입구가 너무 넓으면 진흙으로 막아 좁게 합니다.

둥지 구멍을 막을 진흙을 물고 갑니다.

쇠동고비 (수컷)

드문 겨울 철새로 덩치가 작고 머리가 검으며, 흰 눈썹선이 뚜렷합니다.

이마에서 뒷머리까지 흰색이고, 폭 넓은 검은색 눈선이 등까지 이어집니다.
목과 가슴은 흰색이고 날개깃은 검은색입니다. 눈테가 노랗습니다.

오목눈이

쉴 새 없이 '파르륵, 파르륵' 소리를 내며 날아다닙니다. 몸집에 비해 긴 꼬리가 어쩐지 버거워 보이기도 하네요.
번식기를 맞은 작은 새는 먹이가 많고 환경도 좋다면 1년에 여러 번 새끼를 낳기도 합니다. 그러면 부모 새는 번식기 내내 새끼를 돌보느라 정신없겠지요. 하지만 오목눈이라면 별 걱정이 없습니다. 지난해나 첫 번식 때 태어난 새끼들이 두 번째 번식 때 태어난 동생들을 부모 새와 함께 돌보기 때문입니다. 형제자매의 우애가 이리 좋으니 부모 새는 많은 새끼를 쉽게 키울 수 있습니다. 번식이 끝난 겨울에는 다른 가족과 무리를 이룹니다.

텃새
Aegithalos caudatus
Long-tailed Tit
13.5~14.5cm
산림, 공원
곤충, 씨앗

어린새. 어른새에 비해 전체적으로 색이 연하고 눈테가 붉습니다.

천적이 다가오지 못하도록 가시가 많은 나뭇가지 사이에 이끼로 둥지를 틉니다.

흰머리오목눈이

머리 전체가 하얗습니다.

스윈호오목눈이(수컷)

주로 갈대가 많은 간척지 습지에서 지냅니다.

133

텃새
Garrulus glandarius
Eurasian Jay
33~34cm
산림
곤충, 작은 척추동물, 열매나 씨앗

작은 나뭇가지와 덩굴로 둥지를 틉니다. 최근에는 사람이 사는 건물에서도 번식합니다.

어치

큰 덩치, 화려한 깃털, 굵은 부리! 주로 산에 살며 꽤나 존재감을 뿜어내는 생김새 때문인지 산까치라고도 부릅니다. 성대모사를 잘하는 것으로도 유명합니다. 다른 새나 동물, 심지어 사람 아기 소리까지 냅니다. 포식자 소리를 흉내 내서 천적을 속이는 거지요. 숲에서 말똥가리나 참매 소리가 들려서 가 보면 실제로는 어치일 때가 많습니다.

같은 어치끼리는 깃털을 펼치거나 자세를 높이거나 낮추는 방식으로 신호를 보내며 소통합니다. 영리하게도 소리뿐만 아니라 날개의 다양한 색깔과 무늬 같은 시각 요소도 소통 수단으로 쓰는 거지요.

가을이 되면 먹이인 도토리를 숨겨 저장하는데요, 그 양이 5,000개에 이르기도 합니다. 때때로 먹이 숨긴 장소를 들켰다고 여기면 먹이를 다른 곳으로 옮깁니다. 굉장히 똑똑한 것 같은데 그렇지도 않나 봅니다. 숨겨 놓은 장소의 70% 이상을 잊어버리거든요. 덕분에 싹이 돋는 도토리도 많습니다. 참나무 숲을 가꾸는 일등공신이라 할 만하네요.

도토리를 숨길 곳을 찾는 모양입니다.

머리와 뒷목은 적갈색이고 등은 회색입니다.

날개의 밝은 녹청색, 검고 굵은 무늬와 흰 반점은 어치끼리 소통하는 신호로 쓰입니다.

쇠딱다구리

발과 꼬리가 나무에 수직으로 매달리기에 알맞게 생겼습니다. 앞으로 향하던 발가락 하나가 뒤로 옮겨져서 뒤쪽에서도 중심을 잡아 주고, 빳빳한 꼬리깃은 수직으로 매달렸을 때 몸을 지탱해 줍니다. 끝이 끈적거리고 돌기가 나 있는 긴 혀로 나무속에 있는 애벌레를 꺼내 먹습니다. 혀는 몸의 1/3 정도로 길며, 두개골을 감싸고 있어서 나무를 두드릴 때 뇌를 보호하는 데에도 도움을 줍니다.

다른 딱다구리에 비해 부리는 약한 편이어서 나무 쪼는 소리가 그다지 박력 있지 않습니다. '탁탁탁탁' 나무를 몇 번 두드리다가는 뭔가 생각대로 되지 않는지 '쮸-잇' 소리를 내며 날아가 버립니다. 미처 제대로 관찰하지도 못했는데 사라져 버려 아쉬울 때가 많습니다.

번식기에는 대개 산림에서 지내지만 겨울이 오면 도시 공원까지도 내려옵니다. 이럴 때는 박새, 쇠박새, 오목눈이처럼 작은 새들과 함께 무리 지어 먹이를 찾습니다.

텃새
Dendrocopos kizuki
Japanese Pygmy Woodpecker
13~15cm
산림, 야산, 공원
곤충, 거미, 열매, 씨앗

부리가 약해서 그나마 무른 죽은 나무에 구멍을 뚫고 둥지를 틉니다.

앞뒤로 두 개씩 나뉜 발가락으로 나무를 타고 오르며 먹이를 찾습니다.

등은 검은 바탕에 흰색 가로 줄무늬가 있습니다. 배와 옆구리에는 갈색 세로 줄무늬가 있습니다.

아물쇠딱다구리

쇠딱다구리보다 덩치가 크고 등의 흰 무늬도 큽니다.

수컷은 머리에 작고 붉은 깃털이 있지만 대부분 잘 보이지 않습니다.

텃새
Dendrocopos major
Great Spotted Woodpecker
20~24cm
우거진 산림, 야산, 공원
곤충, 거미, 열매, 씨앗

오색딱다구리

'따르르르륵 따르르르륵' 오색딱다구리가 연주하는 드럼 소리가 울창한 숲에 울려 퍼집니다. 이럴 때 돌로 주변 나무를 두드리며 오색딱다구리 소리를 흉내 내 보세요. 자기 영역에 다른 딱다구리가 온 줄 알고 오색딱다구리가 날아올 수도 있어요.

딱다구리 종류는 나무속에 있는 벌레를 잡으려고 나무를 쪼기도 하지만 번식기에는 짝을 찾으려고 나무를 빠르게 두드리기도 합니다. 이런 행동을 드러밍(drumming)이라고 하며, 그 패턴과 강약이 종마다 달라서 소리를 듣고 종을 구별할 수 있습니다. 또한 나무뿐만 아니라 전봇대, 변압기 상자, 쓰레기통, 속이 빈 갈대 등 소리가 잘 나고 멀리 퍼질 수 있는 것은 무엇이든 두드리기도 합니다. 전봇대 철 구조물을 두드리는 소리를 실제로 들어 보면 정말 드럼 소리 같습니다.

이렇게 나무를 쪼거나 두드려도 뇌가 무겁지 않고 부리에서 충격을 흡수하기 때문에 뇌로 충격이 전해지지 않습니다. 충격 대부분은 윗부리보다 약간 더 길며 관절 형태로 턱에 붙어 있는 아랫부리에 집중되며, 윗부리 기부(머리와 부리가 맞닿는 부분)에는 스펀지처럼 구멍이 많고 부드러운 조직이 있어 전해지는 충격을 한 번 더 흡수합니다.

등은 검고 어깨깃에 흰색 V자 무늬가 있습니다. 날개에는 흰색 가로 줄무늬가 있습니다. 멱과 가슴은 희고 배는 붉습니다. 수컷은 뒷머리에 붉은 깃털이 있습니다.

암컷. 머리에 붉은 깃털이 없습니다.

어린새. 앞이마와 정수리까지 흐리고 붉은 깃털이 있고 배에 갈색 무늬가 있습니다.

혀는 끈적끈적하고 끝에는 작은 가시가 돋아 있어 나무 구멍 안에 있는 애벌레를 잡아 끌어낼 수 있습니다.

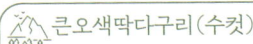
큰오색딱다구리(수컷)

어깨깃에 흰 무늬가 없고 배에 세로 줄무늬가 있습니다.

청딱다구리

텃새
Picus canus
Grey-headed Woodpecker
28~32cm
우거진 산림, 야산, 공원
개미를 비롯한 곤충, 열매, 씨앗

'두두두루룩' 묵직하고 웅장한 울림이 반복되다가 이번에는 '쿄-쿄쿄쿄쿄' 하고 맑은 소리가 들립니다. 봄을 알리는 청딱다구리 소리입니다.

부리가 얼마나 튼튼한지 죽은 나무는 물론 살아 있는 나무에 구멍을 뚫어 둥지를 틉니다. 하지만 진액이 많이 나오는 나무는 둥지로 삼기 좋지 않답니다. 호두나 가래처럼 딱딱하고 큰 열매는 나뭇가지 사이에 박아 놓고 부리로 깨서 알맹이를 빼 먹기도 합니다.

딱다구리처럼 좁은 구멍 안에서 태어나 자라거나 부화한 뒤에도 계속 부모의 보살핌이 필요한 새끼는 똥을 싸기 직전에 창자 끝에서 투명한 젤리 같은 점액질이 나오고, 이 물질이 주머니처럼 똥을 감쌉니다. 이러면 부모 새가 깔끔하게 똥을 물어서 내다 버릴 수 있습니다. 둥지에 똥이 묻어 냄새가 밸 일이 없으니 천적에게 둥지를 들킬 위험도 낮아집니다.

다른 딱다구리와 달리 개미와 개미 알을 즐겨 먹습니다.

등은 연한 녹색이고 날개에는 작은 흰색 점이 있습니다. 머리와 배는 회색이고 암수 모두 검은 뺨선이 있습니다. 수컷만 이마에 붉은 깃이 있어요.

살아 있어 단단한 나무에도 구멍을 뚫을 수 있습니다.

나무 구멍에 긴 혀를 넣어 먹이를 잡습니다.

까막딱다구리 (수컷)

천연기념물
멸종위기 야생생물

우리나라에서 가장 큰 딱다구리로 온몸이 검습니다.

산솔새

몸 바탕은 올리브색이 도는 갈색이며, 눈썹선은 황백색으로 뚜렷합니다. 멱과 가슴은 흰색입니다. 부리는 노란색입니다.

작지만 단정하고 야무져 보입니다. 깔끔한 올리브색 깃털, 짙은 눈썹선이 주는 인상인 듯합니다.
봄에 우리나라를 찾아와 여름까지 숲속에서 '추잇 추잇 삐-' 하고 독특한 소리로 노래하지만 워낙 자그마한 데다가 나무 사이를 빠르게 오가기 때문에 모습을 보기는 쉽지 않습니다. 그래도 계곡에서 유심히 귀를 기울이며 소리를 먼저 찾은 다음, 소리 나는 곳을 가만히 올려다보다 보면 바쁘게 움직이는 모습을 볼 수 있습니다. 나뭇잎이 무성해지기 전에 조금 더 수월하게 관찰할 수 있고요.
몸집은 작지만 번식지와 월동지로 이동할 때는 하루에 320km 정도를 쉬지 않고 날아갑니다. 번식기에는 몸집에 비해 넓은 세력권을 차지하며, 세력권에 천적이 들어오면 자주 소리를 내고 천적에게 다가가며 경계합니다.

여름 철새

Phylloscopus coronatus

Eastern Crowned Warbler

12~13cm

산림 계곡 주변

곤충, 거미

암수 생김새가 비슷해 구별하기가 어렵습니다.

숲새

우리나라에서 관찰되는 새 중에서 가장 작은 축에 들며, 숲에서 높은 소리를 냅니다.

다른 솔새 종류와 달리 회색 머리 한가운데에 밝은 줄이 있습니다.

굴뚝새

우리나라에 사는 새 가운데 상모솔새 다음으로 작습니다.

애교를 부리는 것인지 약을 올리는 것인지, 허리를 좌우로 살랑살랑 흔들며 치켜세운 꼬리를 까딱거립니다. 굴뚝에서 나온 것처럼 빛깔이 칙칙해 굴뚝새라는 이름이 붙었을 만큼 색이 어둡기도 하고 너무 작기도 해서 좀처럼 찾기가 어렵습니다. 운 좋게 찾더라도 저만큼 후루룩 날아가서는 또다시 꼬리를 까딱거리는 것을 보면 애교보다는 놀리는 것이 맞는 것 같습니다.

번식기인 여름이면 수컷은 계곡 주변에다 둥지를 여러 개 지어 놓고 아름다운 소리를 내며 암컷을 부릅니다. 그러면 암컷이 그중에서 하나를 골라 번식합니다.

텃새이지만 겨울에 상당히 먼 거리를 이동해 우리나라를 찾아오는 철새도 있습니다. 겨울철 물가나 계곡 등에서 볼 수 있어요.

바위틈에 이끼로 둥글게 둥지를 틉니다.

텃새
Troglodytes troglodytes
Eurasian Wren
9~10cm
여름: 계곡
겨울: 골짜기, 냇물, 도랑 주변
곤충, 거미

몸은 통통하고, 바탕은 어두운 적갈색이며 깃 가장자리에 촘촘하게 암갈색 무늬가 있습니다.

번식기에는 몸집은 작지만 큰 소리로 노래합니다.

물까마귀

굴뚝새와 생김새가 비슷한 텃새로 맑은 계곡에서 보입니다.

큰유리새

광택 도는 푸른 깃이 강렬하지만 좀처럼 찾기는 쉽지 않습니다. 주로 나무가 무성한 그늘진 계곡에서 지내거든요. 대신 번식기 수컷이 내는 맑은 소리는 물이 콸콸 흐르는 계곡 주변에서도 잘 들립니다. 여름에 계곡에서 아름답게 지저귀는 새소리가 들린다면 소리 나는 곳을 잘 살펴보세요. 목청 높여 노래하는 수컷 큰유리새를 만날 수도 있을지도 모릅니다. 단, 수컷마다 내는 소리가 달라서 소리만 듣고는 서로 다른 새라고 착각할 수도 있답니다.

푸른 깃에 화려해 보이는 수컷과 달리 암컷은 갈색 깃에 수수한 느낌이어서 둘이 같은 새라는 것이 믿기지 않을 정도입니다.

여름 철새
Cyanoptila cyanomelana
Blue-and-White Flycatcher
15.5~16.5cm
계곡
곤충, 거미, 열매

암컷. 머리와 등은 갈색이고 배는 흰색입니다. 멱에 있는 흰 세로줄이 특징입니다.

수컷. 머리와 등은 광택이 도는 푸른색이며, 짧은 머리깃을 세우기도 합니다.

검은딱새(수컷)

우리나라에서는 드물게 번식하고 대부분 봄·가을 이동기에 보입니다.

유리딱새(수컷)

큰유리새와 색깔이 비슷하지만, 주로 봄·가을 이동기나 겨울에 보입니다.

되지빠귀

여름 철새
Turdus hortulorum
Grey-backed Thrush
22~23cm
산림, 야산, 공원
지렁이, 곤충, 열매

녹음 짙은 숲속에서 청회색과 오렌지색 깃털을 꽁꽁 감춘 채 쉼 없이 노래합니다.
사람들이 새에 매료되는 이유 중 하나로 아름답게 지저귀는 소리를 빼놓을 수 없습니다. 되지빠귀를 비롯한 지빠귀 종류의 소리를 듣다 보면 귀가 다 즐거워지는 것 같습니다. 그래서 중국에서는 지빠귀 종류를 집에서 기르기도 합니다. 새에게는 울대라는 기관이 있습니다. 여기에 붙은 작고 복잡한 근육 두 개로 공기를 조절하면서 한 번에 두 가지 이상 소리를 낼 수 있습니다. 되지빠귀 수컷도 번식기에는 높고 청아한 소리로 다양한 노래를 부르지만 비번식기에는 '득, 득'거리는 단순한 소리를 냅니다.
철새이다 보니 먹은 씨앗을 토하거나 배설하며 바다 건너 멀리까지 퍼트리기도 합니다. 그러다 보니 어떨 때는 멸종 위기에 처한 식물의 씨앗을 새로운 환경으로 옮겨 자랄 수 있도록 하는 중요한 일을 하기도 합니다.

수컷. 전체적으로 청회색이며 가슴과 옆구리는 적갈색입니다.

주로 땅에서 작은 동물을 먹지만 열매도 좋아합니다.

어린새. 가슴과 배에 검은 얼룩무늬가 있습니다.

암컷. 수컷과 생김새가 비슷하지만 멱과 가슴에 검은 줄무늬가 있습니다.

암컷. 수컷에 비해 머리 회색 부분이 옅고, 멱에 검은 줄무늬가 있습니다.

흰배지빠귀

되지빠귀에 버금갈 만큼 노래를 잘합니다. 다만 소리나 노래하는 패턴이 되지빠귀와 비슷해서 소리만 듣고는 둘을 구별하기가 어렵습니다.

다른 지빠귀 종류처럼 주로 땅에서 먹이를 찾습니다. 여름 숲속에서 뭔가가 툭툭 튀는 소리나 낙엽 뒤지는 소리가 난다면 녀석들이 근처에 있다는 신호입니다. 전체적으로 낙엽이나 흙과 비슷한 적갈색을 띠어서 금방 찾아내기는 어렵겠지만 유심히 살피다 보면 샛노란 눈테와 부리가 눈에 들어올 거예요.
새는 생존 정보 대부분을 눈으로 얻기 때문에 머리 크기에 비해 눈이 큰 편입니다. 특히 지빠귀 종류는 더욱 그런 편으로, 잎이 우거져 빛이 적은 어두운 숲 바닥에서 먹이를 찾아다니기 때문입니다.

여름 철새
Turdus pallidus
Pale Thrush
23~24cm
산림, 공원, 풀밭, 과수원
곤충, 지렁이, 거미, 열매

수컷. 머리는 짙은 회색이고, 노란 눈테 주변이 검습니다.

나뭇가지에 풀과 나무껍질로 밥그릇 모양 둥지를 틉니다.

간혹 나무 구멍 안에 둥지를 틀기도 합니다. 알은 푸른 바탕에 갈색 점이 있습니다.

호랑지빠귀

여름밤에 시골길을 걷다 보면 '히이이 히이이' 쇳소리가 섞인 소리가 들리고는 합니다. 귀신이 있다면 이런 소리를 낼 것 같다 싶게 오싹하지요. 소리의 주인공은 바로 '귀신새'라는 별명이 붙은 호랑지빠귀입니다. 주로 지렁이를 먹습니다. 지렁이는 해가 지고 습도가 높아진 여름밤에 왕성하게 활동하기 때문에 호랑지빠귀도 밤에 먹이를 찾아 나서는 거지요. 낮에 나무 그늘 아래서 호랑지빠귀와 마주친 적이 있습니다. 바삐 돌아다니며 지렁이를 잡다가 저와 눈이 마주치자 깜짝 놀랐는지 마치 얼음 땡 놀이라도 하듯 꼼짝도 않더라고요. 저도 굳은 채 녀석을 가만히 바라보기만 했습니다. 그때 움직이는 거라곤 녀석 입에 잔뜩 물린 지렁이들뿐이었습니다.

여름 철새
Zoothera aurea
White's Thrush
28~30cm
산림, 공원
지렁이, 곤충, 거미 등

갓 둥지를 떠난 어린새. 어른새보다 노란빛이 강합니다. 솜털이 남아 있고 잘 날지 못합니다.

지렁이를 여러 마리 잡아서 한입에 물고 둥지로 가져가 새끼들에게 먹입니다.

어른새. 황갈색 바탕 몸 전체에 검은 무늬가 가득합니다. 이런 생김새 때문에 이름 앞에 '호랑'이 붙었습니다.

이끼로 틀을 잡고 안에는 마른 풀을 깔아 둥지를 튼 뒤에 알을 낳습니다. ⓒ 정상용

여름 철새
Otus sunia
Oriental Scops Owl
18~21cm
날개 편 길이 50~53cm
산림, 공원, 시골 마을
곤충, 쥐, 개구리, 뱀
천연기념물

둥지를 떠날 시기가 된 어린새. 바깥세상이 궁금한지 머리를 둥지 밖으로 내밀고 밖을 살핍니다.

소쩍새

늦봄부터 여름까지 밤이면 쉬지 않고 우렁차게 '소쩍 소쩍' 소리를 냅니다. 소쩍새를 실제로 보면 대부분 깜짝 놀랍니다. 우렁찬 소리와 달리 몸집은 작고 귀엽게 생겼거든요. 크고 동그라며, 노란 홍채에 둘러싸인 눈이 귀여움을 더합니다.
아쉽게도 이 귀여운 모습을 보는 것은 정말 어렵습니다. 밤에만 활동해서이기도 하지만 나무 구멍 속이나 나무줄기에 붙어 잠을 자는 낮이라도 깃털 무늬가 나무껍질과 비슷해서 완벽하게 몸을 숨길 수가 있거든요.
번식기에 둥지 주변을 살피면 오가는 모습을 볼 수도 있겠지만 자칫 번식을 방해할 수도 있기 때문에 매우 조심해야 합니다.

천적이 나타나면 더욱 나무줄기와 비슷해 보이게끔 몸을 가늘고 길게 만듭니다.

몸 바탕은 짙은 회색이며 불규칙한 검은색 줄무늬가 있고 짧은 귀깃이 있습니다. 암컷이 수컷보다 조금 더 큽니다.

깃털이 붉은색을 띠는 개체도 있습니다. ⓒ 이우만

큰소쩍새

천연기념물

소쩍새와 달리 홍채가 붉고, 발가락까지 깃털로 덮여 있습니다.

수리부엉이

수리처럼 크고 용맹하다고 붙여진 이름 그대로 덩치가 매우 큰 사냥꾼입니다. 우리나라 부엉이 종류 가운데 가장 커서 깃털을 부풀리면 웬만한 어린아이보다도 크게 느껴집니다. 이러니 녀석을 위협할 천적은 없습니다. 하지만 사람에게는 매섭기보다는 똑똑해 보이는 것인지 동화나 애니메이션 등에서는 박사로 표현되는 일이 많습니다.

대부분 새는 천적이나 같은 종이 내는 소리를 잘 인식해 여기에 민감하게 반응합니다. 하지만 밤에 사냥하는 부엉이 종류는 먹이인 쥐가 내는 소리에 더 민감합니다. 게다가 양쪽 귀가 달린 위치와 열린 방향이 서로 달라 양쪽에서 들리는 소리의 미세한 차이를 파악해 어두운 밤에도 먹이의 위치를 정확하게 찾아 사냥할 수 있습니다.

밤에도 정확하게 쥐가 있는 위치를 파악하고 그리로 소리도 없이 날아가니 정말 "쥐도 새도 모르게"라는 말이 딱 맞습니다.

텃새
Bubo bubo
Eurasian Eagle Owl
56~75cm
날개 편 길이 155~180cm
강가나 산의 절벽, 채석장 비탈
포유류, 새, 개구리, 뱀, 곤충
천연기념물
멸종위기 야생생물

번식기가 지나면 깃털 무늬와 비슷한 나무에서 낮잠을 잡니다. 암컷이 수컷보다 큽니다.

최상위 포식자이지만 누구도 접근하기 어려운 절벽에 둥지를 틉니다.

뿔처럼 생긴 커다란 귀깃이 있습니다. 홍채는 옅은 주황색입니다. 번식기에 수컷은 낮에 둥지 주변 나무로 나와 둥지를 지킵니다.

날개깃 가장자리가 미세하게 갈라져 있어서 비행할 때 발생하는 공기 마찰음을 줄일 수 있습니다.

통째로 삼킨 새의 머리를 토했습니다. 새는 이빨이 없어서 먹이를 통째로 삼키고, 나중에 소화되지 않는 뼈와 깃털을 뭉쳐서 토해 냅니다. 이것을 펠릿이라고 합니다.

물가에서 보이는 새

우리 동네 새 사전

중대백로	알락할미새	민물도요
쇠백로	백할미새	붉은어깨도요
왜가리	검은등할미새	세가락도요
검은댕기해오라기	개개비	청다리도요
해오라기	물수리	큰뒷부리도요
덤불해오라기	흰꼬리수리	알락꼬리마도요
저어새	매	중부리도요
쇠물닭	꼬마물떼새	괭이갈매기
물닭	흰물떼새	재갈매기
삑삑도요	왕눈물떼새	붉은부리갈매기
깝작도요	개꿩	쇠제비갈매기
물총새	검은머리물떼새	바다직박구리
노랑할미새	댕기물떼새	

중대백로

목을 'ㄹ'자로 움츠리고 있다가 먹이를 발견하면 쭉 펴면서 날카롭고 긴 부리로 잡아냅니다. 길쭉한 목선이 아름답고 번식기에만 나타나는 장식깃도 멋집니다. 중세 유럽에서는 백로 장식깃을 여성 옷에 장식용으로 쓰면서 백로 종류가 멸종 위기에 처하기도 했습니다.

새의 몸은 대부분 깃털로 덮여 있지만 눈과 부리 주변, 다리에는 깃털이 없어 피부가 드러납니다. 중대백로는 번식기에 장식깃이 생길 뿐만 아니라 드러난 피부의 색깔도 변합니다. 이것은 이성에게 번식할 수 있는 준비가 되었고, 그만큼 건강한 상태라는 것을 알리는 신호입니다(중대백로를 비롯해 다양한 새에게서 나타나는 현상입니다).

새는 사람과 달리 머리가 향한 쪽과 실제 눈의 초점이 맞는 곳이 다릅니다. 백로 종류는 걸으면서 머리보다 아래쪽에 있는 물고기를 찾아야 하므로 부리는 정면을 가리키고 있어도 눈의 초점을 맞춰 정확하게 바라보는 곳은 물고기가 있는 아래쪽입니다.

여름 철새
Egretta alba modesta
Great Egret
80~90cm
날개 편 길이 131~160cm
논, 하천, 저수지, 바닷가
물고기, 개구리, 갑각류

시야가 아래로 쏠려서 물속 먹이를 잡기에 알맞습니다.

번식기 모습. 등에 장식깃이 생기며 눈 주변이 초록색으로 변하고 다리에는 붉은빛이 돕니다. 암수 구별이 어렵습니다.

날 때는 긴 목을 움츠립니다.

대백로

거울 철새로 덩치가 왜가리보다 크고 경부(정강이)가 노란색입니다.

번식기가 아닐 때 모습. 등에 있던 장식깃이 사라지며 부리가 노란색으로 변하고 다리가 검어집니다.

번식기 모습. 눈 주위 피부가 화려하게 바뀌며 머리와 목, 등에 장식깃이 생기고 간혹 발이 붉어지기도 합니다. 암수 구별이 어렵습니다.

쇠백로

자그마한 백로여서 이름에 작다는 뜻인 '쇠'자가 붙었습니다.
새하얀 몸집은 작지만 새까만 다리로 날렵하게 움직여 긴 부리로
먹이를 낚아채는 모습을 보면 무척 야무져 보입니다.
언뜻 노란 장화를 신은 듯한 발을 물에 담그고 가만히 서
있는 것 같지만 자세히 보면 다리를 빠르게 떨 듯이 움직이고
있습니다. 그 움직임에 놀라 도망치는 물고기를 잡아먹으려고요.
참 똑똑하다 싶지만 사실 이런 행동은 본능에 따른 것일 뿐
지능과는 상관이 없습니다.
쇠백로를 비롯한 백로 종류 새끼는 둥지에 머무르는 시기에
어미가 먹이를 충분히 주지 못하면 형제 중에서 몸집이 작은
새끼를 잡아먹기도 합니다.

여름 철새

Egretta garzetta
Little Egret
55~65cm
날개 편 길이 88~106cm
논, 하천, 저수지, 바닷가
물고기, 개구리, 뱀

다른 백로와 달리 번식기에도 부리 색이 검습니다.

번식기가 아닐 때 모습. 눈 주위 피부 색이 연해지고 장식깃도 사라집니다.

노랑부리백로

천연기념물
멸종위기 야생생물

주로 바닷가에서 보이고 번식기에는 뒷머리에 댕기깃이 많이 생기며 눈 주위 피부는 파래집니다.

왜가리

빛깔이 칙칙해서일까요, 새하얀 백로들 사이에 있으면 더욱 눈에 띕니다. 눈썹선과 연결된 검은색 깃털 때문인지, 날 때 '왝'하고 내지르는 듯한 소리 때문인지 언뜻 괴팍해 보이기도 합니다.

비나 눈이 내려도 한자리에 가만히 서 있습니다. 그 모습이 어쩐지 추레하기도 하고 안쓰럽기도 해서 왜 저러고 있을까 싶지만 괜히 그러는 것은 아니에요. 왜가리를 비롯한 백로 종류는 에너지를 써서 먹이를 쫓아다니는 대신에 에너지를 비축하고자 한곳에 서서 먹이가 다가오기를 기다립니다. 그렇게 꿈쩍도 않다가 낚아챌 수 있는 범위 안으로 먹이가 들어오면 접고 있던 목을 쭉 펴서 순식간에 사냥하지요.

텃새
Ardea cinerea
Gray Heron
84~102cm
날개 편 길이 155~195cm
논, 하천, 저수지, 바닷가
물고기, 개구리, 뱀

접고 있던 목을 빠르게 뻗어 먹이를 사냥합니다.

암수 구별이 어렵습니다. 몸 바탕은 회색빛이 돌며 정수리에 검고 긴 댕기깃이 있습니다. 보통 때는 부리와 다리가 노랗지만 번식기에는 붉게 변합니다.

어미는 먹이를 삼킨 뒤에 둥지로 돌아와 토해서 새끼에게 먹입니다.

다른 백로처럼 왜가리도 시선이 아래를 향합니다.

어린새. 어른새보다 깃털 색이 연하고 댕기깃이 없습니다.

햇볕이 좋으면 날개 안쪽을 펼쳐 햇빛에 살균합니다.

검은댕기해오라기

냇가 돌이나 보에 우두커니 서서 뚫어져라 물을 바라봅니다. 저래서야 제대로 먹고살려나 싶지만 먹이가 나타나면 날쌘돌이로 변신해 사냥합니다. 느긋하게 기다리기로는 당할 자가 없어 보입니다. 평소에는 목을 움츠리고 있어서 목이 짧은 새 같지만 사냥할 때 보면 저 목이 어디에 있었나 싶게 쭉 늘어납니다. 다른 나라에 사는 비슷한 해오라기는 나뭇잎, 곤충, 깃털 등으로 먹이를 유인해 낚시하듯 잡아먹기도 합니다.

백로나 왜가리 종류 대부분은 논, 큰 하천, 저수지, 바닷가를 좋아하는데, 이 녀석은 계곡이나 작은 냇물을 더 좋아합니다. 그리고 다른 백로 종류가 무리 지어 둥지를 트는 것과 달리 홀로 둥지를 틉니다.

먹이를 발견하면 목을 길게 뻗어서 재빠르게 낚아챕니다.

여름 철새
Butorides striatus
Striated Heron
35~48cm
날개 편 길이 52~60cm
여울이 있는 하천과 계곡
물고기, 개구리, 갑각류

어린새. 어른새보다 깃털 색이 짙고 목에 굵고 검은 줄무늬가 있습니다.

몸 바탕은 청회색이고 머리는 검고 댕기깃이 있습니다. 부리도 검습니다. 날개깃 가장자리에 밝고 흰 무늬가 있습니다. 다리는 노란색이며 짧습니다. 암수 구별이 어렵습니다.

먹이를 먹고 기분이 좋거나 깃털을 정리할 때 깃털을 부풀립니다.

날 때는 백로처럼 목을 접습니다.

생김새로는 암수 구별이 어렵습니다. 검은 머리와 등에는 푸른 광택이 돌며, 배와 날개는 밝은 회색입니다. 홍채가 붉습니다. 부리는 검고 큽니다. 번식기에는 머리에 길고 흰 댕기깃이 생깁니다.

해오라기

군더더기 없이 어두운 등과 밝은 배가 대비를 이뤄 매우 말쑥하게 차려입은 듯한데 딱 하나, 구부정한 자세가 아쉽습니다. 목을 움츠리고 있으니 목이 짧아 보이는 정도가 아니라 아예 없어 보입니다.
주로 밤에 활발하게 활동하지만 낮에도 간혹 사냥하려고 움직입니다. 다른 백로 종류와 함께 번식합니다. 자기 새끼만 돌보는 백로 종류와 달리 해오라기는 남의 새끼더라도 자기 둥지에 들어오면 제 새끼와 구별하지 않고 보살핍니다.

여름 철새

Nycticorax nycticorax

Black-crowned Night Heron

58~65cm

날개 편 길이 115~118cm

논, 하천, 호수, 저수지, 하구

물고기, 개구리, 갑각류

어린새. 몸은 갈색이며 날개와 목에 흰색 무늬가 퍼져 있습니다.

2000년대 초까지는 흔히 볼 수 있었는데 최근에는 보기 어려워져 아쉽습니다.

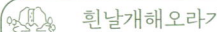
흰날개해오라기

봄·가을 이동기에 보이며, 우리나라에서 드물게 번식하기도 합니다.

암컷과 새끼. 수컷과 달리 암컷은 머리와 목에 굵은 줄무늬가 있습니다.

어린새. 암컷과 생김새가 비슷하나 줄무늬가 더 굵고 뚜렷합니다.

덤불해오라기

- 여름 철새
- *Ixobrychus sinensis*
- Yellow Bittern
- 30~40cm
- 날개 편 길이 45~53cm
- 강, 호수, 저수지의 갈대, 줄, 부들이 있는 곳
- 물고기, 갑각류, 개구리

습지에서 덤불해오라기 찾기는 꼭 숨은그림찾기 같습니다. 갈대나 부들 같은 물풀이 있는 곳에서 부스럭거리는 소리가 들리는데도 녀석을 찾기란 쉽지 않습니다. 그러다 몸을 곧추세우고 노란 눈을 크게 뜨고 있는 녀석을 발견하면 순간 피식 웃음이 나다가 이내 미안해집니다.

마른 풀줄기 사이에서 '나는 덤불해오라기가 아니라 풀줄기다' 하는 느낌으로 감쪽같이 숨은 모습이 우습다가도 살아남고자 깃 색깔, 고개를 빳빳이 들었을 때 드러나는 목의 긴 줄무늬까지 온몸으로 마른 풀줄기를 흉내 내는데 그 노력을 물거품으로 만든 것만 같아서요.

덤불해오라기가 고개를 들어 목의 긴 줄무늬를 드러내는 것은 몸을 숨기려는 의도도 있지만 동시에 위협을 느끼는 대상을 정확히 바라보려는 목적도 있습니다. 눈의 초점이 아래에 맞춰져 있기 때문에 정면을 쳐다보려면 고개를 빳빳이 들어야 하거든요.

몸이 가벼워 수초에 매달린 채 물고기나 곤충을 사냥합니다.

수컷. 머리가 검고 등과 목에 줄무늬가 없습니다. 날개가 검지만 앉아 있을 때는 검은 부분이 보이지 않습니다.

부리를 좌우로 저으며 부리의 감각만으로 물고기를 잡아먹습니다.

저어새

넓적한 숟가락처럼 생긴 부리를 물속에 넣고 좌우로 휘젓다가 물고기가 걸리면 잡아먹는다고 해서 저어새입니다.

부리를 저어 먹이를 사냥하는 방식은 물 반 고기 반쯤 되던 옛날에는 효과가 있었겠지만 먹이가 적은 요즘은 에너지 낭비가 더 크니 생존에 도움이 되지 않습니다. 그런 까닭에 1990년에는 전 세계에 294마리밖에 남지 않았을 만큼 멸종 위기에 몰렸습니다. 다행히 그 뒤로 세계 각국에서 보호 노력을 펼쳤으며 지금은 6,000마리 넘게 늘었습니다.

번식기가 되면 머리에 장식깃이 수북하게 생깁니다. 부리를 젓는 데에 방해가 되지 않을까, 바람이 불면 거추장스럽지 않을까 해서 관찰하다 보면 깃을 싹 모아 하나로 묶어 주고 싶은 마음이 불쑥불쑥 들어요.

부리가 크고 길어 스스로 목을 긁을 수 없어 목이 간지러우면 동료의 목을 먼저 긁어 줍니다. 그러면 동료도 상대의 목을 긁어 줍니다.

여름 철새

Platalea minor

Black-faced Spoonbill

61~78.5cm

날개 편 길이 110cm

논, 갯벌, 하구

물고기, 개구리, 갑각류

천연기념물

멸종위기 야생생물

목을 쭉 펴고 날기 때문에 목을 움츠리고 나는 백로 종류와 나는 모습으로도 구별할 수 있습니다.

깃털은 새하얗고 다리와 부리는 검습니다. 번식기에는 머리에 장식깃이 생기며 앞가슴에 노란 띠가 생깁니다.

밀물이 들면 먹이를 찾던 갯벌에서 나와 논으로 옮겨 가 쉬면서 깃털을 정리합니다.

노랑부리저어새

천연기념물
멸종위기 야생생물

주로 겨울에 보입니다. 부리가 온통 까만 저어새와 달리 부리 끝이 노랗습니다.

181

쇠물닭

여름 철새
Gallinula chloropus
Common Moorhen
30~38cm
연못, 저수지, 소택지
곤충, 갑각류, 연체동물, 씨앗

눈에 띄고 싶지 않다는 듯 물풀 사이를 조심조심 돌아다니지만 연신 까딱거리는 흰색 꼬리는 숨길 수가 없나 봅니다. 새빨간 이마판도 마찬가지고요.
새를 보면, 갓 부화한 새끼는 생존에 꼭 필요한 부분이 유난히 크거나 튼튼합니다. 쇠물닭 새끼도 부화하자마자 먹이를 찾는 어미를 따라다녀야 하기 때문에 발이 비정상적으로 커요. 쇠물닭은 1년에 여러 번 번식하기도 해서 먼저 태어나 어미만큼 자란 어린새가 어미를 도와 나중에 태어난 동생들을 돌보기도 합니다.
물갈퀴가 없지만 커다란 발가락을 이용해 물에 떠서 머리를 앞뒤로 흔들며 나아갑니다. 잘 날 수도 있지만 헤엄쳐서 이동하는 것을 더 좋아합니다.

머리를 앞뒤로 움직이며 오리처럼 물 위를 자유롭게 다닙니다.

갓 부화한 새끼. 몸에 솜털이 있고, 다리와 발가락이 굵고 커서 바로 돌아다닙니다.

전체적으로 푸른빛이 도는 검은색입니다. 부리와 이마판이 붉고, 옆구리에 흰색 무늬가 있습니다.

거의 다 자란 어린새. 몸이 회갈색이고 부리와 이마판이 연한 갈색입니다.

뜸부기 (수컷)

천연기념물
멸종위기 야생생물

예전에는 동요에 나올 정도로 흔했지만 요즘은 서식지가 파괴되면서 무척 보기 힘들어졌습니다. 농약을 적게 쓰는 논에서 주로 보입니다.

번식기가 되면 흰색 이마판이 커집니다.
암수 구별이 어렵습니다.

물닭

탄탄해 보이는 검은 몸, 빨간 눈만 해도 강렬한데 대단한 무리의 표식인 듯한 하얀 이마판까지 더해지니 더욱 돋보입니다. 미끄러지듯 나아가는 헤엄치기도 왠지 기품 있어 보입니다.

우아해 보이는 모습과 달리 먹이가 부족하면 먹이를 조르는 새끼를 물어뜯거나 죽이는 습성이 있습니다. 갓 부화한 새끼는 얼굴이 붉고 그 주변으로 오렌지빛 깃털이 나 있습니다. 나중에 부화해 약한 새끼일수록 이 깃털 빛깔이 더 화려해집니다. 어미는 아무래도 화려해 눈길이 가는 새끼에게 먹이를 더 많이 주게 되지요. 그러니까 화려한 깃은 힘없는 새끼가 어미에게 보내는 생존 신호인 셈이지요.

몸에 비해 날개가 작아서 날아오를 때는 물보라를 일으키며 수면 위를 달려야 합니다. 그래서 잘 날려고 하지 않습니다. 싸울 때는 물 위에다 몸을 누이고 긴 발가락을 들어 상대를 때립니다.

몸이 통통하니 부력이 큰 탓에 잠수할 때는 최대한 높이 뛰었다가 깃털을 몸에 착 붙이고 물속으로 뛰어듭니다.

텃새

Fulica atra

Eurasian Coot

36~40cm

저수지, 하천, 하구, 간척지, 바닷가

물풀, 식물의 연한 잎, 곤충, 연체동물, 물고기

몸은 검고 부리와 이마판은 하얗습니다. 번식기가 아닌 겨울에는 흰색 이마판이 작아집니다.

새끼. 얼굴이 붉고 오렌지빛 깃털이 송송 나 있습니다.

물갈퀴가 없는 대신 발가락에 넓은 나뭇잎 모양 구조물(판족)이 있습니다. 덕분에 잠수도 잘합니다.

겨울에는 큰 무리를 이룹니다. 천적이 나타나면 잠수하거나 무리 한가운데로 파고듭니다.

나그네새
Tringa ochropus
Green Sandpiper
21~24cm
하천, 하구, 간척지
저서무척추동물, 갑각류, 복족류, 곤충

삑삑도요

나그네새이지만 가끔 우리나라에서 겨울을 나기도 하는 몇 안 되는 도요입니다. '삐-삑삑삑삑삑' 운다고 해서 이런 이름이 붙었습니다. 검푸른 깃털에 눈 같은 흰 점이 촘촘하게 박혀 있으며, 흰 점은 번식기가 되면 훨씬 뚜렷해집니다.
이런 생김새 때문에 눈 쌓인 하천에서 만나면 더욱 특별해 보이는 한편, 춥지는 않을까 걱정스럽기도 합니다. 다행히 아무리 추워도 새는 동상에 걸리지 않습니다. 심장에서 내려가는 뜨거운 피와 다리에서 올라오는 차가운 피가 가늘고 촘촘한 혈관 다발이 있는 곳에서 교차하며 적당한 온도로 바뀐 다음에 심장과 다리로 가기 때문입니다.
걸을 때는 머리를 까딱거리고 꼬리를 위아래로 움직이면서 비틀거립니다. 물갈퀴가 없지만 수영은 물론 잠수도 합니다. 다른 도요 종류와 달리 둥지를 틀지 않고 지빠귀나 비둘기가 나무 위에 지어 놓은 둥지를 씁니다. 부화한 새끼는 높은 둥지에서 바로 뛰어내립니다.

번식기 모습. 깃 색이 더 진해지고 흰 점도 뚜렷해집니다.

어두운 바탕에 흰 점이 있는 등과 달리 가슴과 배는 하얗습니다. 주로 나그네새이지만 겨울에도 보입니다.

번식기가 아닐 때 모습. 깃 색깔이 옅고 흰 점도 없습니다. 작은 벌레를 주로 먹지만 물고기를 사냥하기도 합니다.

부리를 물속에 집어넣어 부리의 감각으로 먹이를 잡습니다.

깜작도요

어린아이가 쪼그려 앉아 엉덩이를 들썩거리며 떼를 쓸 때, 옛날 어른들은 "물새 똥구녕 같다"고 했습니다. 아마도 깝작도요를 떠올리며 했던 말 같습니다. 깝작도요는 움직일 때 늘 꼬리를 까딱거리거든요. 긴장하면 더 빠르게 까딱거리지만 의외로 놀라거나 구애할 때는 멈춥니다. 왜 이런 행동을 하는지는 아직 밝혀지지 않았습니다.

여름 철새이지만 물이 맑고 자갈이 많은 하천 돌밭에서 드물게 번식하기도 합니다. 도요 종류는 가을 이동기가 되면 어린새보다 어른새가 먼저 번식지를 떠나며, 어린새는 그 뒤에 스스로 월동지로 이동합니다. 대견하지요?

여름 철새
Actitis hypoleucos
Common Sandpiper
19~21cm
하천, 하구, 바닷가
저서무척추동물, 갑각류, 복족류, 곤충

새끼는 부화하자마자 어미를 따라다닙니다.

가을에 보이는 어린새는 등과 머리에 갈색 줄무 늬가 뚜렷합니다.

가슴 옆 흰 깃이 어깨까지 올라갑니다. 등과 허리는 연한 회갈색입니다. 번식기에는 멱과 가슴에 굵고 검은 줄무늬가 생깁니다.

주로 작은 물속 동물을 잡아먹지만 가끔 큰 곤충이나 물고기도 사냥합니다.

등은 광택이 도는 청록색, 멱은 흰색, 배와 귀깃은 주황색입니다. 암컷은 아랫부리가 붉습니다.

물총새

여름 철새
Alcedo atthis
Common Kingfisher
16~20cm
하천, 저수지, 바닷가
물고기, 갑각류

총알처럼 빠르게 다이빙하는 모습에서 물총새라는 이름이 붙었습니다. 새에 관심 있는 사람이라면 물총새가 사냥하는 장면을 꼭 보고 싶어 합니다. 이 작고 화려한 새가 다이빙해서 물고기를 물고 나오는 장면을 보면 평생 잊기 어렵습니다. 놀랍게도 물총새가 다이빙하는 속도는 시속 88km에 달합니다. 심지어 물속에서는 빛이 굴절되기 때문에 물 밖에서 보는 물고기의 위치는 실제와 다른데, 물총새는 그 차이를 정확하게 계산해 쏜살같이 물속으로 들어가 물고기를 낚아챕니다. 잡은 물고기는 빨리 죽고 살이 부드러워져 소화가 잘될 수 있도록 나뭇가지에 여러 번 내리칩니다.
여름 철새이지만 물이 얼지 않는 하천이 있다면 겨울에도 보입니다.

몸집에 비해 머리와 부리가 크고 다리는 매우 짧습니다. 수컷은 부리 전체가 검습니다.

물고기를 통째로 삼킨 뒤에 소화되지 않은 가시와 비늘을 뭉쳐 토해 냅니다.

흙 절벽에 구멍을 뚫고 둥지는 틉니다. 점점 흙 절벽이 줄어들어 물총새가 번식할 곳이 부족합니다.

암컷이 둥지 재료를 물고 있습니다. 수컷과 달리 턱이 검지 않습니다.

노랑할미새

물이 맑고 흐름이 빠른 계곡 주변에서 주로 지냅니다. 통통 튀어 다니다 돌 위에서 청아하게 소리 낼 때가 많은데도 찾기가 쉽지는 않습니다. 심지어 가슴과 배는 개나리처럼 샛노래서 눈에 금방 띌 것 같은데도 말이지요.
할미새 종류의 가장 큰 특징은 긴 꼬리를 반복해서 까딱거리는 것입니다. 이유는 정확하게 밝혀지지 않았지만 먹이를 찾거나 천적을 혼란스럽게 하는 데에 도움이 될 수도 있다는 의견과 동료에게 보내는 경계 신호일 것이라는 의견이 많습니다.
어른새가 같은 번식 지역에 있는 물까마귀 새끼에게 먹이를 먹인 기록이 있습니다. 이 또한 이유는 아직 밝혀지지 않았습니다.

여름 철새
Motacilla cinerea
Grey Wagtail
18~20cm
하천, 저수지, 계곡
곤충, 거미, 작은 물고기

둥지를 떠난 새끼(오른쪽)는 몸집은 어미와 비슷하지만 꼬리는 짧습니다.

머리와 등은 청회색이고 날개는 검습니다. 가슴과 배는 노랗습니다. 수컷은 눈썹선과 턱이 희고 멱은 검습니다.

수컷은 봄에 나뭇가지나 바위에 앉아 아름답게 노래합니다.

얼굴이 희며 눈선이 없습니다. 뒷머리와 등은 검고 가슴에 넓고 검은 무늬가 없습니다. 배는 하얗습니다. 생김새로 암수를 구별하기가 쉽지는 않지만 등이 조금 더 고르게 짙은 것이 수컷입니다.

알락할미새

머리부터 꼬리 끝까지 늘씬하고 맵시 있으며 날갯짓도 우아합니다. 호로록 날았다가 내려앉아서는 허리를 세우고 꼬리를 까딱거리며 도도하게 걷습니다. 그 모습이 꼭 런웨이를 거니는 모델 같습니다. 한여름, 아지랑이가 아물아물 피어오르는 논밭이나 냇가에서 어렵지 않게 만날 수 있습니다. 여름 철새이지만 겨울에도 간혹 보입니다. 번식기에 수컷은 암컷을 유혹하려고 노래를 부르며 암컷에게 먹이를 주기도 합니다.

번식기에는 영역 주변을 매우 심하게 경계해 자기보다 덩치가 큰 지빠귀, 도요, 물떼새 등을 쫓아내기도 합니다. 침입자를 경계할 때는 깃털을 부풀리고 꼬리를 치켜올리며 가슴에 있는 검은 무늬를 드러냅니다.

여름 철새
Motacilla alba leucopsis
Amur Wagtail
17~19cm
하천, 하구, 논밭, 바닷가
곤충, 거미, 작은 물고기

암컷. 등이 회색이거나 검은 반점이 있습니다.

어린새. 얼굴에 노란빛이 돌고 머리와 등은 회색입니다.

히말라야알락할미새

이마와 눈 주위가 흰색이고 머리와 등은 검습니다. 매우 드물게 보입니다.

백할미새

얼음 위를 사뿐거리며 걷다가 갑자기 날아오르기를 반복합니다. 미끄러운 얼음 위에서 먹이를 잘도 찾습니다. 겨울에 하천이나 논이 얼어 버리면 어디론가 사라져 버렸다가 기온이 오르면 어디선가 또 갑자기 나타납니다.
알락할미새의 아종(같은 종이지만 번식지가 나뉘어 생김새와 행동이 달라진 무리)으로 알락할미새와 비슷하게 생겼지만 눈을 가로지르는 검은색 눈선이 뚜렷해 구별할 수 있습니다. 겨울 철새이지만 최근에 울릉도에서 알락할미새와 함께 번식한 기록이 있습니다.

겨울 철새
Motacilla alba lugens
Black-backed Wagtail
17~19cm
논밭, 하천, 하구, 바닷가
곤충, 거미, 작은 물고기

암컷. 번식기일 때는 머리가 검고 등은 회색이거나 검은 얼룩이 있기도 합니다. 번식기가 아닐 때는 등이 온통 회색입니다.

어린새. 암컷과 비슷하게 생겼으며 얼굴에 노란빛이 돌고 눈선이 연합니다.

수컷. 번식기일 때는 뒷머리, 등, 가슴이 고르게 검고 배는 하얗습니다. 번식기가 아닐 때는 머리만 검고 등은 회색 바탕에 검은 얼룩이 생기기도 합니다.

우리나라에서는 울릉도에서 번식하는 것을 볼 수 있습니다.

 검은턱할미새

턱에서 가슴까지 검은 부분이 이어집니다.

수컷. 암컷보다 등 색깔이 짙다는 것 말고는 암수 생김새가 거의 비슷합니다. 머리와 등, 가슴, 꼬리가 검고 이마와 눈썹선, 배는 흽니다.

검은등할미새

겨울 눈밭에서 만나면 원래는 새까만 새인데 배와 눈썹선에 하얀 눈이 묻은 것이 아닐까 싶기도 합니다. 영어 이름에 일본(Japanese)이 들어가지만 일본보다는 우리나라에 더 많이 살아요. 주로 깨끗하고 맑은 하천을 좋아하고 거의 이동하지 않아 서해안 지역에서는 보기가 어려운데, 놀랍게도 서해안 어청도에서는 관찰한 적이 있습니다.
할미새 종류는 거울에 비친 자기를 다른 개체로 인식하고 공격하는 습성이 있습니다. 그래서 간혹 자동차 유리나 건물 유리 주변에서 싸움하듯 펄럭거리는 것을 볼 수 있습니다.

텃새
Motacilla grandis
Japanese Wagtail
21~23cm
내륙의 하천, 동해안 하구
곤충, 거미, 작은 물고기

암컷. 수컷보다는 등 색깔이 옅습니다. 깃털을 부풀려 통통해 보입니다.

경계하거나 싸울 때는 꼬리를 치켜세우고 몸을 낮춥니다.

어린새. 머리와 가슴, 등이 회색이며 날개깃과 꼬리 색도 어른새보다 연합니다.

개개비

등은 갈색, 배는 흰색, 옆구리는 연한 갈색입니다. 가슴에 매우 가늘고 검은 줄무늬가 보이기도 합니다.

수컷이 갈대 끝에 앉아서 토라도 하는 듯 큰 소리로 웁니다. 번식기에 자기 세력권을 지키려고 위세를 떠는 거지요. 그런데 미안하지만 사람이 보기에는 이 작은 녀석이 입을 쩍 벌리고 악을 쓰듯 소리치는 모습이 꼭 엄마 말 안 듣는 심술꾸러기 같습니다. 그리 심통을 부리다가도 누군가 다가가면 갈대 아래로 슬그머니 달아나 버리는 모습도 그렇고요. 육지에서 오는 천적을 막을 수 있도록 둥지는 갈대 아래 물이 있는 곳에다 틉니다.
개개비는 진정한 여름을 알리는 새라고 할 만합니다. 먹이가 풍성해지는 여름에 반드시 우리나라를 찾아와 새끼를 키우거든요. 생존과 번식에 관한 일이니 그렇겠지만 새의 시계는 놀랍도록 정확합니다.

주로 풀숲에 숨은 애벌레를 먹지만 큰 잠자리를 사냥하기도 합니다.

여름 철새
Acrocephalus orientalis
Oriental Reed Warbler
18~20cm
하천, 하구 등의 갈대밭
곤충, 거미

가느다란 황백색 눈썹선이 있습니다. 부리 주변에 난 빳빳한 수염 같은 깃털은 먹이를 잡고 먹을 때 눈을 보호해 줍니다.

 개개비사촌

주로 간척지 풀밭을 날면서 높고 날카로운 소리를 냅니다.

 쥐발귀개개비

보기 드문 나그네새로 갈색 바탕에 검은 무늬가 있습니다.

새끼. 얼굴이 붉고 오렌지빛 깃털이 송송 나 있습니다.

물수리

물고기를 사냥하는 솜씨가 일품입니다.
수면 위를 날아다니거나 정지비행을
하다가 물고기를 발견하면 시속 약 50km로
다이빙하며 발을 얼굴 앞으로 쭉 뻗습니다.
그래서 물에 발이 먼저 닿거나 발과 머리가
거의 동시에 닿습니다. 이때 콧구멍으로
물이 들어가지 않도록 콧구멍을 여닫을 수
있습니다. 게다가 바깥쪽 발가락을 뒤집듯이
뒤로 움직일 수 있어 발가락 두 개는 앞으로,
두 개는 뒤로 놓아 미끄러운 물고기도 꽉
잡아챌 수 있습니다.
대부분 새는 크기와 상관없이 천적인 맹금류가
나타나면 단번에 알아보고 도망가기 바쁩니다.
하지만 물수리를 보고는 달아나지 않습니다.
물수리가 물고기만 사냥한다는 것을 잘 알기
때문이지요.

어린새. 날개 아랫면에는 갈색 얼룩무늬가 있습니다.

나그네새
Pandion haliaetus
Western Osprey
수컷 54cm, 암컷 64cm
날개 편 길이 147~169cm
해안, 하구, 하천
물고기
멸종위기 야생생물

잡은 물고기를 가져갈 때는 공기 저항을 줄이려고 물고기 머리가 앞쪽을 향하게 합니다.

정지비행하는 모습. 머리는 흰색이며 굵고 검은 눈선이 뒷목까지 이어집니다. 등은 흑갈색이고 배는 흰색입니다. 날개는 폭이 좁고 길며 꼬리는 짧습니다.

잡은 물고기를 안전한 장소로 가져가서 천천히 먹습니다.

흰꼬리수리

두꺼운 부리를 다물고 먼 산을 응시하는 모습이 참으로 듬직하고 용맹한 대장군 같습니다. 날개를 쫙 펴고 미끄러지듯 날 때는 한없이 여유롭고 우아해 보이지만 먹이를 공격할 때는 매섭기 그지없습니다. 역광에 더욱 빛나는 하얀 꼬리는 이 구역의 대장이라는 표식 같습니다.

대개 공중에서 날며 먹잇감을 찾는 수리와 매 종류는 다른 새들보다 시력이 좋습니다. 시각 세포에서 색을 감지하는 세포가 사람은 5% 정도이지만 이들은 80% 이상이어서 더욱 정확하게 사물을 구별할 수 있습니다. 또한 사람은 초점이 맞는 중심 시력 구역이 눈 하나에 한 개가 있으나 이들은 두 개가 있어서 사람보다 더 많은 부분을 세밀하게 볼 수 있습니다. 그래서 흰꼬리수리는 빠르게 날면서도 먹잇감을 정확하게 분별할 수 있는 거지요.

겨울 철새
Haliaeetus albicilla
White-tailed Sea Eagle
수컷 84cm, 암컷 94cm
날개 편 길이 199~223cm
하천, 간척지, 하구, 바닷가
큰 물고기, 새, 포유류
천연기념물
멸종위기 야생생물

어린새가 좋은 시력과 강한 발을 이용해 물닭을 사냥하고 있습니다.

어린새. 전체적으로 흑갈색이며 흰색 무늬가 있습니다. 우리나라에는 주로 어린새가 찾아옵니다.

어른새. 꼬리는 전체가 흰색이며 짧고 머리는 황금색을 띱니다.

잿빛개구리매

천연기념물 멸종위기 야생생물

겨울 철새로 습지, 간척지, 논 등에서 낮게 날며 작은 새를 사냥합니다. 얼굴이 납작하게 보입니다.

몸 바탕은 갈색입니다. 부리는 크고 노란색입니다. 눈이 크고 앞으로 향해 있어 빠르게 비행하면서 사물을 정확하게 볼 수 있습니다.

텃새
Falco peregrinus
Peregrine Falcon
수컷 40cm, 암컷 49cm
날개 편 길이 74~120cm
해안, 하구, 간척지, 들판
조류, 작은 포유류
천연기념물
멸종위기 야생생물

매

연구실에서 부모를 잃은 어린 매를 보호한 적이 있습니다. 먹이를 주러 가면 늘 화를 내고 공격하려 했습니다. 그러다 제가 잠시 딴짓이라도 하면 어느새 먹이를 훔쳐 가서는 등을 돌리고 날개로 가린 채 먹었습니다. 녀석은 제가 자기를 얼마나 무서워하면서도 귀여워했는지 알기나 할까요?
주로 바닷가나 섬에서 번식하는 매는 매우 빠른 속도로 비행합니다. 먹이를 공격할 때에는 시속 360km 정도에 이릅니다. 물론 이것은 중력을 이용해 급강하하는 속도이며, 날갯짓만으로 내는 속도는 이보다 느립니다. 이처럼 빠른 속도로 공격하면 단 한 번일지라도 엄청난 충격이 가해져 공격을 받은 새는 죽거나 기절합니다. 그러니 정확하게 공격하지 않으면 매 자신도 다칠 수 있습니다.
매가 이만큼 속도를 낼 수 있는 것은 날개가 날렵하고 날개깃이 빳빳하기 때문이며, 콧구멍 구조도 한몫합니다. 빠른 속도로 날면 빠르게 흐르는 많은 공기가 콧구멍으로 한꺼번에 밀려 들어오겠지요? 하지만 매의 콧구멍에는 돌기가 있어 공기가 콧속으로 직접 들어오지 않는답니다. 제트기 엔진에도 이와 같은 돌기가 있는데요, 바로 매의 코에서 착안한 생체 모방 기술을 적용한 것입니다.

등은 어두운 청회색입니다. 눈 밑으로 검은 무늬가 길쭉하게 있고 뺨에 넓고 흰 무늬가 있습니다. 납막과 눈테, 다리가 노랗습니다.

콧구멍 안에 돌기가 있어서 빠르게 날 때도 압력이 엄청난 공기가 콧속으로 들어오지 않습니다.

사냥한 먹이의 목을 끊어 단숨에 죽이고 천천히 먹습니다.

배는 흰색이며 검은 가로줄이 있습니다. 날개는 폭이 좁고 길며 뾰족합니다. 덕분에 빠르게 날 수 있습니다.

어린새. 배에 굵은 세로 줄무늬가 있습니다. 빠르게 다이빙해서 먹이를 잡습니다.

여름 철새

Charadrius dubius

Little Ringed Plover

15~16cm

하천, 바닷가, 간척지, 논

갑각류, 곤충, 연체동물

주변 환경과 가장 비슷하게 둥지를 틀고 알을 낳습니다.

꼬마물떼새

노란색 안경 덕분에 까만 눈이 더 선명해 보입니다. 겁을 먹으면 얼어붙은 듯 가만히 있다가 자세를 낮춰 서서히 움직이는 모습이 귀엽습니다.

수컷이 둥지 자리를 여러 개 만들면 암컷은 둘러보며 알을 품는 듯한 행동을 하면서 마음에 드는 자리를 고릅니다. 이때 수컷은 날개와 꼬리를 펼치며 암컷 마음에 들려고 노력합니다. 물떼새 종류가 자갈이나 모래 위에 튼 둥지를 보면 성의 없이 지은 것 같고 알도 무심하게 내버려 둔 듯합니다. 하지만 사실은 알 무늬, 색깔과 최대한 비슷한 곳에다 알을 낳은 것으로 천적 눈에 띄지 않게 하려는 의도입니다.

알이나 새끼를 돌보는 시기에 천적이 다가오면 어미는 날개를 이상하게 펼치고 절뚝거리면서 다친 척을 합니다. 여기 사냥하기 쉬운 새가 있으니 이리 오라며 천적의 관심을 자기에게 돌려 알이나 새끼를 지키려는 행동이지요.

새끼를 보호하고자 어미가 다친 척하며 천적을 자기 쪽으로 유인합니다. ⓒ 정진문

둥지 자리를 고르는 암컷에게 잘 보이려고 수컷이 날개와 꼬리를 펼칩니다. 수컷은 눈 앞과 귀깃이 검고 암컷은 흑갈색입니다.

눈테가 굵고 노랗습니다. 부리는 검고 아랫부리 기부는 주황색입니다. 번식기가 아닐 때는 머리에 있던 검은 띠가 사라집니다.

새끼는 부화하자마자 바로 어미를 따라다닐 수 있을 만큼 다리가 튼튼합니다.

흰목물떼새

멸종위기 야생생물

내륙 하천에서 번식하고 겨울에도 일부가 보입니다.

흰죽지꼬마물떼새

꼬마물떼새와 생김새가 비슷하지만 노란 눈테가 없습니다.

큰물떼새

호주에서 겨울을 보내고 이른 봄에 우리나라에 찾아옵니다.

암컷. 이마에 검은 무늬가 없고 눈선이 갈색입니다. 번식기가 아닐 때는 머리가 적갈색이 아니며 등은 고르게 회갈색입니다.

여름 철새

Charadrius alexandrinus

Kentish Plover

15~17cm

갯벌, 염전, 간척지, 하구

갯지렁이, 연체동물, 갑각류

흰물떼새

다른 물떼새 종류는 가슴에 있는 검은 무늬가 목도리를 두른 듯 이어지는데 흰물떼새는 앞쪽에서 끊어집니다. 그 때문에 앞에서 보면 목과 가슴, 배까지 흰 부분이 많이 보여 흰물떼새라고 이름 붙였나 봅니다.

흰물떼새는 함께 번식하는 무리 안에서도 일부일처제와 일부다처제가 공존합니다. 번식기 때 수컷은 머리와 목덜미 깃이 적갈색으로 변하며, 알을 품을 때 도움이 되는 옆구리 깃이 길어집니다. 그런데 일부다처제로 번식하는 집단의 수컷 깃이 일부일처제로 번식하는 집단의 수컷 깃보다 더 뚜렷하고 길다고 합니다. 수컷끼리 경쟁하는 사이에 번식깃에 변화가 생긴 것이겠지요.

물떼새와 도요 종류는 생김새도 사는 곳도 비슷하지만 먹이를 잡는 방식은 달라요. 흰물떼새를 비롯한 물떼새 종류는 주로 눈으로 먹이를 찾고 먹이를 발견하면 재빨리 달려가 잡아먹습니다. 도요 종류는 대개 부리 감각으로 먹이를 잡습니다. 그래서 부리를 갯벌에 대고 걸어 다닐 때가 많습니다.

수컷. 머리가 적갈색이고 이마에 검은 무늬가 있으며 눈선은 검습니다.

어린새. 연한 갈색 바탕에 비늘무늬가 있습니다.

새끼 또는 알을 지키려고 어미가 다친 척하며 천적의 시선을 끕니다.

왕눈물떼새

머리와 등은 흙빛인데 얼굴과 가슴에는 붉은빛이 도니 꼭 무채색 갯벌에 꽃이 핀 것 같습니다.
다른 물떼새처럼 조간대 갯벌에 서서 먹이가 나타나기를 기다리다가 먹이를 발견하면 달려가 사냥합니다. 진흙 펄보다는 바닥이 좀 더 단단한 모래 해변에서 사냥하는 것을 더 좋아합니다. 모래 깊은 곳에 있는 갯지렁이를 끊어지지 않게 잡아 끌어내는 기술이 대단합니다.
왕눈물떼새를 비롯해 장거리를 이동하는 새는 햇빛과 바람 탓에 날개깃이 빨리 손상됩니다. 이런 문제를 보완하려고 셋째날개깃이 길어졌습니다. 그러면 앉아 있을 때 비행하는 데에 가장 큰 역할을 하는 첫째날개깃을 덮어 보호할 수 있거든요.
봄에는 번식깃으로 바뀐 어른새가 주로 보이고 가을에는 어린새가 주로 보입니다.

나그네새
Charadrius mongolus
Siberian Sand Plover
18~21cm
갯벌, 바닷가, 하구
갯지렁이, 연체동물, 갑각류

어린새. 등에 흰색 비늘무늬가 있습니다.

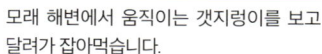
모래 해변에서 움직이는 갯지렁이를 보고 달려가 잡아먹습니다.

번식기 수컷. 뒷덜미와 가슴이 붉고 검은 눈선이 넓고 짙습니다. 번식기가 아닐 때는 가슴의 붉은 부분이 사라지거나 흐려집니다.

먼 거리를 날아다니는 새는 날개를 보호하려고 셋째날개깃이 길어졌습니다.

큰왕눈물떼새

ⓒ 박운남

왕눈물떼새와 생김새가 비슷하지만 부리가 훨씬 길고 봄과 가을 이동기에 드물게 보입니다.

215

수컷. 암컷보다 등 색깔이 짙다는 것 말고는 암수 생김새가 거의 비슷합니다. 머리와 등, 가슴, 꼬리가 검고 이마와 눈썹선, 배는 흽니다.

날 때 겨드랑이의 검은색이 드러나 생김새가 비슷한 검은가슴물떼새와 구별됩니다.

개꿩

번식기일 때와 아닐 때 생김새가 많이 다릅니다. 그래서 자칫 서로 다른 새라고 착각할 수도 있겠습니다. 물떼새 중에서는 덩치가 큰 편입니다. 천적이 나타나면 가장 먼저 경보를 울려 다른 무리에게 알립니다. 위험을 빠르게 감지하는 습성 덕분에 천적에게 잡아먹히는 일이 적습니다.

예전에는 한겨울 갯벌에서 개꿩을 만나면 너무나 신기했습니다. 그만큼 수가 적었거든요. 그런데 요즘은 예전에 비해 우리나라에서 겨울을 나는 개꿩이 자주 보입니다. 보통 나그네새는 해마다 번식지와 월동지를 오갈 것 같지만 개꿩처럼 태어나고서 2년이 지나야 번식할 수 있는 새는 이동하지 않고 월동지에서 2년을 지냅니다.

나그네새

Pluvialis squatarola

Grey Plover

37~31cm

날개 편 길이 71~77cm

갯벌, 바닷가

갯지렁이, 연체동물, 갑각류

번식기가 아닐 때는 전체적으로 연한 흑갈색이며 흰색 무늬가 적습니다.

나그네새이지만 겨울에도 작은 무리가 보입니다.

검은가슴물떼새

민물에서 보이고 몸 전체에 금빛이 돕니다.

날 때 날개 윗면에 큰 흰색 무늬가 보입니다.

검은머리물떼새

검은 깃과 흰 깃, 붉은 눈과 부리, 다리가 너무나 강렬한 대비를 이룹니다. 예사롭지 않은 생김새라 누구나 한 번 보면 쉬이 잊지 못합니다. 생김새만 보면 제법 묵직한 느낌이어서인지 '피이'하고 내는 높고 날카로운 소리는 어딘가 어울리지 않습니다. 영어 이름은 굴 잡이(Oystercatcher)라는 뜻인데요, 실제로 조개를 먹을 때 보면 껍데기를 벌려 그 안의 살점만 빼 먹습니다. 주로 바닷가에서 조개 같은 바다 생물을 잡아먹지만 일부는 풀밭에서 번식하며 곤충을 잡아먹기도 합니다. 그래서 바닷가에 사는 녀석은 부리 끝이 많이 닳고, 풀밭에 사는 녀석은 대개 부리 끝이 뾰족합니다.

텃새

Haematopus ostralegus

Eurasian Oystercatcher

43~46cm

날개 편 길이 80~85cm

갯벌, 하구, 바닷가

조개, 고동, 갯지렁이, 갑각류, 물고기, 곤충

천연기념물

멸종위기 야생생물

해변에서 주로 쌍을 지어 지냅니다.

물떼새 종류는 도요 종류와 다르게 발가락이 세 개입니다.

충청남도 서천 유부도 일대에서 큰 무리를 이루어 겨울을 나기도 합니다.

키 작은 풀 옆에 둥지를 틀고 알을 품습니다.

날개가 짧고 넓어 천천히 펄럭이듯 납니다.

겨울 철새
Vanellus vanellus
Northern Lapwing
28~31cm
날개 편 길이 82~87cm
논, 하구, 하천, 갯벌
곤충, 지렁이, 연체동물, 씨앗

댕기물떼새

멋을 부린다면 이쯤은 부려야 하지 않을까요? 현란하게 반짝이는 무대 의상을 차려입은 트로트 가수가 떠오릅니다. 그러고 보니 약간 처량하게 '삐-윗' 하는 울음소리도 구슬픈 트로트처럼 들릴 것도 같습니다.
다른 물떼새 종류와 달리 우리나라에서는 겨울에 보입니다. 먹이가 있다면 갯벌, 하천, 논을 가리지 않지만 하천이나 물 고인 논을 특히 좋아합니다. 멀리 날아가야 할 때는 낮에 무리 지어 이동합니다.
옛날 유럽에서는 댕기물떼새 알을 값비싼 진미로 여겨 인기가 많았습니다. 네덜란드에서는 그해 첫 번째 낳은 알을 찾는 대회가 있었을 정도랍니다.

번식기 모습. 댕기깃이 길어지고 수컷의 턱밑은 검게 변합니다.

머리에 길고 검은 댕기깃이 있습니다. 등은 광택이 도는 녹색이고 배는 흰색이며 가슴에 넓고 검은 띠가 있습니다.

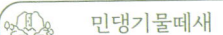

민댕기물떼새

댕기깃이 없으며 몸이 갈색이고 머리는 회색입니다.

어린새. 댕기깃이 짧고 등의 비늘무늬가 크고 뚜렷합니다.

번식깃에서 비번식깃으로 바뀌는 모습. 번식기가 아닐 때 등은 회색이고 배의 검은 깃이 사라집니다.

민물도요

이름은 민물도요이지만 민물보다는 해안이나 갯벌에서 주로 보입니다. 다른 도요류에 비하면 크게 무리를 이뤄 생활합니다. 우리나라에서 보이는 도요류 중에서 가장 개체수가 많습니다. 최근 연구에 따르면 무리를 이끄는 리더가 따로 있지는 않고 다음과 같은 세 가지 규칙에 따라 움직인다고 합니다.

첫째, 옆에 있는 새와 같은 방향으로 날기. 둘째, 곁에 있는 일곱 마리 중 한 마리라도 방향을 바꾸면 따라서 방향 바꾸기. 셋째, 서로 절대 부딪치지 않기. 이 세 가지 규칙을 컴퓨터에 입력하고 모의실험을 해 보니 가상의 새들이 마치 민물도요 떼처럼 서로 부딪치지 않고 움직였답니다. 그리고 이렇게 큰 무리로 이동하면 혼자 이동하는 것보다 에너지를 11~14% 덜 쓰는 것으로 나타났습니다.

나그네새

Calidris alpina

Dunlin

17~21cm

갯벌, 하구, 바닷가

저서무척추동물, 갑각류, 복족류, 곤충

번식기 모습. 등은 적갈색이고 배에 넓고 검은 깃이 생깁니다.

나그네새이지만 우리나라에서 겨울을 지내는 개체가 늘고 있습니다.

크게 무리 지어 이동하면 천적을 피할 수 있을 뿐만 아니라 에너지도 덜 쓸 수 있습니다.

등은 흑갈색이며 어깨에 적갈색 무늬가 있습니다.

붉은어깨도요

꼼짝도 하지 않고 붉은어깨도요를 관찰하고 있는데 한 녀석이 손에 닿을 듯 가까이 다가와서는 까만 눈동자로 눈 맞춤을 해 준 적이 있습니다. 그 모습이 지금도 생생합니다.

도요 종류는 먹이를 찾는 방식에 따라 부리 모양이 제각각입니다. 붉은어깨도요는 갯벌 표면이나 진흙 속을 빠르게 찔러서 먹이를 찾기에 부리가 짧습니다. 장거리 여행자인 도요 종류는 번식지와 월동지를 오가는 데에 필요한 에너지를 대부분 지방으로 저장합니다. 심지어는 출발하기 전에 위장의 근육까지도 줄이고 대신에 지방으로 채웁니다. 지방은 매우 효율이 높은 에너지원이거든요. 몸무게가 15g인 작은 솔새는 지방 1g으로 200km 이상을 비행할 수 있다고 합니다.

이렇게 철저하게 준비하고 떠나는 여행길에서 중간에 쉬며 에너지를 보충하는 곳(중간기착지)이 바로 우리나라 서해 갯벌입니다. 개발로 훼손되기 전 서해 갯벌은 입자가 고와서 껍데기가 딱딱하지 않은 갯벌 생물이 많았습니다. 긴 여행을 준비하느라 위장 근육이 적어진 도요 종류가 소화할 수 있는 먹이도 풍부했고요. 하지만 최근 들어 자꾸 개발되면서 갯벌 환경이 변했고 도요 종류가 먹을 만한 생물도 점점 줄어들고 있습니다. 그러니 에너지를 충전하려면 예전보다 중간기착지에 더 많이 머물며 더 많이 움직여야 합니다.

나그네새
Calidris tenuirostris
Great Knot
26~28cm
갯벌, 하구, 바닷가
저서무척추동물, 갑각류, 복족류, 곤충
멸종위기 야생생물

227

어린새. 어깨에 적갈색 무늬가 없습니다. 등 쪽 깃 가장자리에 방패 같은 흰 무늬가 있습니다.

계절에 따라 어디로 이동하는지 알아보려고 연구자들이 다리에 가벼운 표식을 달았습니다. 예전에는 봄과 가을에 많이 볼 수 있었으나 최근 개체수가 급격히 줄어들어 국제적 보호종이 되었습니다.

밀물 때 무리 지어 갯벌로 나옵니다. 가슴에 검은 무늬가 흩어져 있습니다.

세가락도요

조그마한 솜뭉치 같은 녀석들이 겨울 백사장에서 쪼르르 몰려다닙니다. 파도가 물러나면 먹이를 찾아 우르르 백사장으로 달려가고 파도가 밀려오면 종종종 달려 나옵니다. 뒷발가락이 퇴화해 발가락이 세 개만 있어서 세가락이라는 이름이 붙었습니다.

먹이를 찾느라 백사장을 돌아다니다가 매가 나타나면 떼 지어 바다로 날아가 수면 가까이에서 어지럽게 납니다. 그렇게 하면 매가 공격하기 어렵거든요. 그래도 매가 공격하면 물속으로 뛰어들기도 합니다.

삑삑도요와 함께 우리나라에서 온전하게 겨울을 납니다. 이때는 번식기가 아니어서 모두 밝은 회색 깃을 띠기 때문에 우리나라에서는 붉은 번식 깃을 보기가 힘듭니다.

겨울 철새
Calidris alba
Sanderling
20~21cm
해안, 하구
저서무척추동물, 갑각류, 복족류, 곤충

번식기가 되면 깃이 붉은색으로 변합니다.
우리나라에서는 보기 어려운 모습입니다.

파도가 밀려오면 종종거리며 피합니다.

번식기가 아닐 때 모습. 등은 회백색, 배는 흰색이며 어깨에 검은 점이 있습니다.

천적을 피하려고 수면 가까이에서 무리 지어 납니다. 날 때는 날개에 흰색 띠가 보여요.

 좀도요

부리와 다리는 짧고 검습니다. 우리나라 도요류 중에서 가장 작고 빠르게 다니면서 먹이를 찾습니다.

부리가 길고 굵으며 위로 약간 휘었습니다. 번식기에는 머리와 목, 가슴에 검은 줄무늬가 뚜렷해집니다.

나그네새
Tringa nebularia
Common Greenshank
30~34cm
날개 편 길이 55~62cm
갯벌, 바닷가, 간척지, 논
저서무척추동물, 갑각류, 복족류, 곤충

청다리도요

이름처럼 다리가 파란가 싶지만 실제로 보면 노란빛이 도는 녹색에 가깝습니다. 놀라서 날아오를 때는 '피용-피용-피용' 하고 맑은 소리를 연달아 세 번 냅니다. 소리를 듣고 어디 있는지를 찾아내면 인기척을 느낀 녀석이 고개를 연신 까딱거리며 경계 행동을 보입니다. 그 모습이 귀엽기도 하고 한편으로는 미안하기도 합니다. 다른 도요 종류처럼 갯벌에서도 보이지만 논이나 민물에서도 먹이를 찾습니다.

청다리도요를 비롯해 철새 대부분은 밤에 이동합니다. 낮보다 밤에 대기가 안정되며, 체온 상승도 막을 수 있어서입니다. 평소 새의 체온은 38~40도이며 날갯짓할 때는 체온이 더 올라갑니다. 밤에 비행하면 뜨거운 태양 아래서 나는 것보다 시원하니 날갯짓이 더 수월하겠지요.

비번식깃으로 깃갈이하는 모습. 번식기가 아닐 때는 배가 희고 등은 고른 회색입니다.

날 때는 다리가 꼬리 뒤로 길게 빠져나옵니다.

청다리도요사촌

멸종위기 야생생물

국제적 멸종 위기종으로 매우 드물게 보입니다.

많은 수가 우리나라 서해안 갯벌에서 먹이를 먹고 다시 번식지나 월동지로 이동합니다.

큰뒷부리도요

장거리 여행자인 도요 중에서도 최고로 꼽힙니다. 알래스카에서 번식하고 태평양을 가로질러 호주나 뉴질랜드까지 한 번도 쉬지 않고 날아가는데, 최고 기록은 무려 1만 3,560km에 이릅니다. 호주와 뉴질랜드에서 겨울을 보내고 다시 알래스카로 돌아갈 때는 태평양을 가로지르지 않고 우리나라 서해안을 거쳐 쉬었다가 갑니다.
극지방에서 번식한 새가 남쪽에서 겨울을 나는 것도, 그 먼 거리를 이동하는 것도, 오갈 때 이동하는 경로가 조금씩 다른 것도 모두 신비롭습니다.

나그네새

Limosa lapponica

Bar-tailed Godwit

37~41cm, 날개 편 길이 70~80cm

갯벌, 하구, 논, 간척지

저서무척추동물, 갑각류, 복족류, 곤충

멸종위기 야생생물

번식기 수컷. 얼굴에서 배까지 적갈색, 등은 흑갈색이며 적갈색 점이 흩어져 있습니다. 갯벌에 있으면 꼭 붉은 꽃이 핀 것 같습니다.

암컷. 수컷에 비해 붉은빛이 거의 돌지 않습니다.

번식기 수컷과 암컷이 함께 있으면 색깔로 구별할 수 있습니다.

뒷부리도요

부리가 위로 휘었으며 다리와 부리 기부의 노란색이 특징입니다.

어떻게 그 먼 거리를 이동할 수 있을까요?

알락꼬리마도요

부리가 너무 길어서 걸을 때 땅에 끌리지나 않을까, 너무 무거워서 휘청이지 않을까 염려될 정도입니다. 부리 길이만 13~20cm로 도요 종류 중에서 가장 깁니다. 그래도 긴 부리 덕분에 탁월한 사냥꾼이 되었습니다.
부리 끝은 갯벌 속 먹이를 잡는 데에 알맞게끔 휘었으며, 매우 민감한 신경이 모여 있어 작은 압력 차이도 감지합니다. 먹이가 있는 곳은 주변보다 압력이 더 높기 때문에 먹이 위치를 정확히 파악할 수 있습니다.
부리를 갯벌에 찌른 다음 능숙하게 슥슥 훑다가 부리 끝으로 압력 차이가 전해지면 재빨리 먹이를 낚아챕니다. 잡자마자 바로 삼키지 않고 물에 살살 헹구고, 게처럼 다리가 있으면 모두 떼어 냅니다. 잡은 그대로 먹으면 다리가 목에 걸릴 수도 있으니까요. 그러고 보면 먹이 사냥뿐만 아니라 손질도 탁월하네요.

잡은 게는 다리를 모두 떼어 내고 통째로 삼킵니다.

나그네새
Numenius madagascariensis
Far Eastern Curlew
55~62cm
날개 편 길이 97~110cm
갯벌, 바닷가, 하구
저서무척추동물, 갑각류, 복족류, 곤충
멸종위기 야생생물

긴 부리에서 전해지는 감각만으로 먹이를 잡습니다.

마도요와 더불어 도요 종류 가운데 덩치가 가장 크고 부리가 깁니다. 수컷보다 암컷 부리가 더 깁니다. 연한 회색 바탕에 등에서 허리까지 갈색 줄무늬가 있습니다.

> **마도요**
>
> 알락꼬리마도요와는 아래꼬리덮깃과 허리가 흰색인 것으로 구별할 수 있습니다. 겨울에도 우리나라에서 보입니다.

날개 아랫면이 흰색인 마도요와 달리 갈색에 가는 줄무늬가 빽빽하게 있습니다.

머리 옆선은 흑갈색이고 머리 한가운데에 흰색 줄이 있습니다. 허리에는 흐린 갈색 줄무늬가 있고요.

나그네새
Numenius phaeopus
Whimbrel
40~44cm
날개 편 길이 80~83cm
갯벌, 하구, 바닷가
저서무척추동물, 갑각류, 복족류, 곤충

중부리도요

바닷가 마을 사람들은 도요나 물떼새를 '쫑찡이'라고 부릅니다. '쫑징쫑징' 운다고 여겼기 때문입니다. 도요나 물떼새는 소리가 비슷한 종이 많아서 소리로 구별하기가 어려운데 중부리도요는 '휘휘휘휘휘' 하며 울어서 알기 쉽습니다. 중부리도요가 속한 무리의 속명(*Numenius*)은 초승달을 뜻합니다. 부리 모양이 초승달처럼 휘었거든요. 새 부리 모양은 주요 먹이에 따라 진화했습니다. 중부리도요 부리가 휜 모양도 주로 잡아먹는 농게나 칠게가 사는 굴 모양과 비슷합니다. 굴에서 게를 잡아 진흙을 씻어 내고 다리를 자른 뒤에 삼킵니다. 간혹 갯벌 말고 주변 풀밭이나 밭에서 곤충을 사냥하기도 하고요. 대부분 새는 둥지를 떠나 독립할 무렵이면 덩치가 어른새와 비슷하거나 깃털이 정리되지 않아 더 크게 보이기도 합니다. 하지만 깃털 색이나 부리 색과 크기가 달라 어른새와 구별할 수 있습니다. 중부리도요는 어린새가 어른새보다 부리가 짧은데요, 이걸 보고 가끔 다른 새라고 착각하기도 합니다.

머리 옆선이 흑갈색이어서 다른 마도요 종류와 구별됩니다.

어린새. 덩치는 어른새와 비슷한데 부리 길이가 어른새보다 짧아서 쇠부리도요와 헷갈리기도 합니다.

잡은 게는 다리를 떼어 내고 통째로 삼킨 뒤에 소화되지 않는 껍데기만 토해 냅니다.

부리는 노랗고 끝에 붉은색과 검은색 반점이 있습니다.

텃새
Larus crassirostris
Black-tailed Gull
44~48cm, 날개 편 길이 126~128cm
갯벌, 바닷가, 항구
물고기, 개구리, 곤충, 거미, 음식 찌꺼기

괭이갈매기

'아홍-아홍' 하며 우는 소리가 고양이와 닮았다고 해서 이름에 고양이를 뜻하는 '괭이'가 붙었는데요, 눈매도 매서운 고양이를 똑 닮았습니다. 부리 끝이 뾰족해서 더 무서워 보이는 것도 같고요.
우리는 갈매기 소리라고 하면 흔히 '끼룩끼룩'이라고 표현합니다. 사실 이런 소리를 내는 것은 겨울에만 우리나라에 찾아오는 재갈매기 종류입니다. 어쩌면 우리에게 더욱 친숙한 갈매기 소리는 텃새인 괭이갈매기가 내는 '아홍아홍' 일지도 모릅니다. 곧잘 해수욕장이나 항구에서 사람이 들고 있는 음식을 물고 가거나 배 위에서 과자를 주면 채 가는 갈매기도 바로 괭이갈매기이니까요.

영어 이름(Black-tailed Gull)처럼 꼬리에 검은색 띠가 있습니다.

짝짓기하는 한 쌍. 수컷이 덩치가 더 커서 크기로 암수를 구별할 수 있습니다.

둥지를 떠난 어린새. 전체가 어두운 갈색이고 부리는 분홍색입니다.

새끼는 솜털로 덮인 채 알에서 깨어납니다.

독도는 동해안에서 가장 큰 괭이갈매기 번식지입니다.

재갈매기

재갈매기를 비롯해 겨울에 우리나라를 찾는 갈매기는 어른새가 되기까지 3년 이상 걸리는 종이 많고 그사이 나이에 따라 깃 색깔과 무늬가 달라져서 정확하게 종이나 나이를 알기가 참 어렵습니다. 갈매기가 앉아 있을 때 검은 꼬리처럼 보이는 것은 꼬리가 아니라 첫째날개깃입니다. 비행하는 데에 가장 큰 역할을 하는 깃털인 만큼 튼튼해야 하므로 햇빛, 바람, 오염물을 견딜 수 있도록 검거나 어둡습니다. 이런 색은 멜라닌 색소에서 비롯하는 거고요. 그래서 갈매기 종류뿐만 아니라 많은 새의 첫째날개깃은 검거나 어둡습니다.

갈매기처럼 바다에서 생활하는 새는 바닷물을 마시고 소금기가 많은 먹이를 먹습니다. 그냥 두면 몸에 자꾸만 염분이 쌓이겠지요? 그걸 방지하고자 물이나 먹이를 먹으면서 몸에 흡수된 소금은 혈류를 따라 눈 위에 있는 소금샘으로 옮겨지고 걸러진 뒤 콧구멍으로 나옵니다. 몸에 소금 정수기를 달고 있는 셈이지요. 그래서 갈매기를 비롯한 바닷새는 쉬고 있을 때 소금 콧물을 흘린답니다.

앉아 있을 때 검은 꼬리처럼 보이는 것은 첫째날개깃입니다. 꼬리는 흰색으로 날 때 잘 보입니다.

겨울 철새
Larus vegae
Vega Gull
55~67cm, 날개 편 길이 137~146cm
갯벌, 바닷가, 항구
죽은 동물, 다른 새의 알, 물고기, 갑각류, 음식 찌꺼기

아랫부리 붉은 부분은 번식기에 넓어집니다. 새끼가 먹이를 달라고 조를 때 이 부분을 자극합니다. 그러면 어미는 더 열심히 먹이를 가져다주지요.

등은 회백색 또는 청회색입니다. 부리는 노랗고 아랫부리에 붉은 점이 있습니다.

어린새. 몸에 갈색 무늬가 흩어져 있고 부리가 검습니다.

소금 콧물을 흘리고 있습니다.

큰재갈매기

재갈매기와 비슷하지만 등과 날개 끝 색이 검은색에 가깝습니다.

흰갈매기

날개 윗면이 밝은 회색이고 첫째 날개깃 끝이 흰색입니다.

줄무늬노랑발갈매기

등과 날개 윗면이 재갈매기보다 어둡고 다리는 짙은 노란색입니다.

붉은부리갈매기

늘씬한 몸매만큼이나 목청도 가늘고 높습니다. 여러 마리가 시끄럽게 소리를 내며 엎치락뒤치락 날아다니는 모습을 보면 정신이 하나도 없습니다. 번식기인 여름에 보면 꼭 검은 복면을 쓰고 눈만 깜빡이는 것 같습니다.

몸집은 자그맣지만 사람을 별로 무서워하지 않아 괭이갈매기와 더불어 과자를 주면 곧잘 받아먹습니다. 사람이 오가는 항구에서 음식물 쓰레기를 먹기도 하고요. 하지만 새끼를 키우는 어미는 자기는 음식 쓰레기를 먹더라도 새끼에게는 신선한 물고기나 게를 먹입니다.

새끼에게 먹이를 줄 때는 한 번에 한 마리씩 먹이는 것이 아니라 둥지에다 먹이를 토해 냅니다. 그러면 새끼들이 와서 먹습니다. 먹이를 토해 내는 양은 새끼들이 얼마나 강렬하게 먹이를 재촉하는지에 따라 달라집니다. 그래서 모든 새끼가 매번 먹이를 달라고 조르는 것이 아니라 전체가 먹을 수 있는 양을 늘리고자 서로 조율하며 조른다고 합니다.

겨울 철새
Chroicocephalus ridibundus
Black-headed Gull
34~43cm
날개 편 길이 94~110cm
갯벌, 바닷가, 항구
물고기, 갑각류, 곤충

번식기에는 머리가 검게 변하고 부리와 다리 색은 더욱 짙어집니다.

번식기가 아닌 겨울에는 머리가 희고 검은 귀깃이 두드러지며 부리와 다리는 붉습니다.

어린새. 등과 날개깃에 갈색 점이 있고 부리와 다리는 연한 적갈색입니다.

항구나 해변에서 다양한 먹이를 먹으며, 음식 쓰레기까지 먹습니다.

검은머리갈매기

멸종위기 야생생물

여름 철새이며 부리와 다리가 검고 머리의 검은색이 뒷목까지 이릅니다.

쇠제비갈매기

가늘고 뾰족한 날개는 꼭 부메랑 같습니다. 나풀거리듯 나는 모습은 연 같기도 하고 하늘을 물 삼아 천천히 헤엄치는 물고기 같기도 합니다. 사냥할 때는 물 위를 정지 비행하다가 작은 물고기가 보이면 다이빙해서 잡습니다. 이런 모습을 보려고 밤샘 운전해서 찾아가고는 했던 경상북도 영덕의 바닷가는 이제 사람들의 휴식처가 되어 버렸습니다. 더 이상 쇠제비갈매기는 보이지 않습니다.

제비갈매기 종류는 평생 먼 거리를 비행합니다. 쇠제비갈매기는 동남아시아나 호주에서 겨울을 보내고 여름에 우리나라를 찾아옵니다. 같은 무리인 북극제비갈매기는 번식지와 월동지인 북극과 남극을 오가면서 지내는데 최근 연구에 따르면 1년에 평균 7만 9,000km를 비행했답니다. 이는 거의 지구를 두 바퀴 돈 것과 같은 거리입니다. 북극제비갈매기가 이처럼 먼 거리를 비행할 수 있었던 이유 중 하나로 날개가 길고 뾰족하며 뒤로 젖혀진 점을 꼽을 수 있습니다.

여름 철새
Sternula albifrons
Little Tern
22~28cm
해안, 하구, 하천, 간척지
작은 물고기, 갑각류, 곤충
멸종위기 야생생물

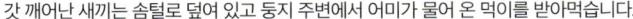

갓 깨어난 새끼는 솜털로 덮여 있고 둥지 주변에서 어미가 물어 온 먹이를 받아먹습니다.

날개는 폭이 좁고 깁니다.

번식기 모습. 이마는 희고 머리와 눈선이 검습니다. 번식기가 아닐 때는 부리와 다리가 검습니다.

제비갈매기

드문 나그네새로 머리, 부리, 다리가 검습니다.

구레나룻제비갈매기

봄과 가을에 드물게 보이며, 어린 새는 등과 날개에 갈색 얼룩무늬가 있습니다.

바다직박구리

산에서나 들을 수 있을 것 같은 아름다운 새소리가 바닷가에서 들립니다. 푸른 바다 빛과 붉은 노을빛이 대비를 이룬 것처럼 몸의 색깔 대비가 뚜렷한 바다직박구리 소리입니다. 산새와 달리 사람을 두려워하지 않아서 항구와 방파제 주변을 이리저리 오갑니다.

우리나라와 일본 등에서는 바닷가의 바위가 많은 곳에 삽니다. 일본에서는 도심에 적응해 백화점 꼭대기에서 번식한 사례도 있습니다. 하지만 세계적으로 보면 내륙 산의 바위가 많은 곳에 주로 삽니다. 티베트 고원을 여행하다가 바다직박구리를 만나서 깜짝 놀란 적도 있어요.

이름에 직박구리가 들어가지만 동네 주변에서 흔히 볼 수 있는 직박구리와는 거리가 멀고 오히려 딱새와 더 가깝습니다.

텃새
Monticola solitarius
Blue Rock Thrush
22~23cm
갯바위 바닷가
곤충, 갑각류

암컷. 수컷과 생김새가 전혀 달라요. 전체적으로 엷은 황갈색에 흑갈색 비늘무늬가 있습니다.

수컷. 머리와 등이 밝은 파란색이고 배와 옆구리는 적갈색입니다.

어린새. 몸 전체에 암컷처럼 비늘무늬가 있습니다. 수컷 어린새는 배와 옆구리가 어른새처럼 적갈색입니다.

 푸른바다직박구리

아종으로 배와 옆구리에 적갈색이 없습니다.

물 위에서 보이는 새

우리 동네 새 사전

흰뺨검둥오리	고방오리	흰비오리
청둥오리	흰죽지	논병아리
원앙	댕기흰죽지	뿔논병아리
쇠오리	흰뺨오리	민물가마우지
알락오리	비오리	큰고니

흰뺨검둥오리

1년 내내 도시 하천에서도 흔히 볼 수 있어 특히 친숙한 오리입니다. 암컷 혼자 알을 품고 새끼를 돌보기 때문에 여름에 새끼들과 함께 있는 어른새는 늘 암컷 한 마리뿐입니다. 수컷은 홀로 떨어져 자유롭게 생활합니다.

새는 아무리 빨라도 하루에 알을 하나씩만 낳을 수 있습니다. 그러니 새끼도 하루에 한 마리씩 부화할 것 같은데 대부분 둥지에 있는 알들은 동시에 부화합니다. 어미가 낳는 순서대로 알을 품는 것이 아니라 마지막 알까지 다 낳은 뒤에 알을 품기 때문입니다. 흰뺨검둥오리가 데리고 다니는 새끼들의 크기가 똑같은 이유도 그래서이지요.

물론 하루나 이틀 사이를 두고 하나씩 부화하는 종도 있습니다. 일부 맹금류와 덩치가 큰 탓에 둥지에서 새끼를 키우는 시간이 많이 걸리는 종이 그렇습니다.

텃새
Anas poecilorhyncha
Eastern Spot-billed Duck
58~63cm
논, 하천, 저수지, 하구, 간척지, 바닷가
식물, 갑각류, 물고기, 연체동물

수컷. 몸은 전체적으로 짙은 갈색이지만 눈썹선과 뺨, 목은 색이 밝습니다. 부리는 끄트머리만 노랗고 나머지는 검습니다. 암수 생김새가 비슷하지만 수컷 위꼬리덮깃이 암컷보다 어둡습니다.

암컷. 위꼬리덮깃이 수컷에 비해 밝습니다.

암컷 혼자서 알을 품고 새끼를 돌봅니다.

넓적부리(수컷)

겨울 철새입니다. 부리가 주걱처럼 넓고 옆구리에 큰 적갈색 무늬가 있습니다.

발구지(수컷)

드물게 보이는 겨울 철새로 수컷은 굵고 흰 눈썹선이 있으며 어깨깃이 길게 늘어집니다.

수컷. 머리는 광택이 도는 진한 녹색이며 부리는 노랗습니다. 위꼬리덮깃 두 가닥이 위로 말립니다.

청둥오리

암수 생김새가 너무 달라 서로 다른 종처럼 보입니다. 수수한 암컷에 비해 수컷은 너무나도 화려합니다. 펌이라도 한 듯 말아 올린 꼬리깃 두 가닥까지! 패셔니스타가 따로 없네요. 광택이 도는 수컷 머리 색깔은 각도에 따라 달라 보입니다. 새의 깃털 색은 색소로 결정되지만 청둥오리 수컷처럼 깃털에 있는 단백질의 영향으로 빛이 굴절되어 여러 색으로 나타나기도 합니다.
전국 어디서든 흔히 볼 수 있는 것은 식성이 까다롭지 않아서 무엇이든 잘 먹고, 그렇기에 어떤 곳에서든 잘 적응하며, 사는 범위가 넓어지다 보니 유전적으로도 다양해졌기 때문으로 추측합니다. 사람들이 사육하는 오리도 야생 청둥오리를 개량한 품종입니다. 대부분 우리나라에서 겨울을 나고 봄이 되면 북쪽 번식지로 떠나지만 일부는 남아서 번식합니다.

겨울 철새

Anas platyrhynchos

Mallard

수컷 56~60cm, 암컷 52~55cm

논, 하천, 저수지, 하구, 간척지, 바닷가

갑각류, 연체동물, 물고기, 식물

암컷. 수수한 황갈색 바탕에 검은 줄무늬가 섞여 있습니다. 주황색 부리에 검은 얼룩이 있습니다.

암컷이 도맡아 새끼를 키웁니다. 새끼는 흰뺨검둥오리 새끼와 생김새가 비슷합니다.

수컷 머리 깃털 색은 각도에 따라 달라 보입니다.

원앙

번식기와 비번식기에 수컷의 변신은 그야말로 드라마틱합니다. 번식할 무렵에는 아주 화려하게, 번식이 끝나면 언제 그랬냐는 듯 매우 수수하게 변하는데요, 변화무쌍한 정도가 아니라 아예 다른 새가 되는 것 같습니다. 하지만 어느 때든 부리만큼은 변함없이 붉어요. 수컷이 번식기에 화려한 옷으로 갈아입는 것은 오로지 암컷에게 잘 보여 짝짓기 상대로 선택을 받기 위해서입니다. 이런 모습으로 계속 지내다가는 천적에게 들키기 쉬워 위험하니 수컷은 번식기가 끝나면 암컷과 비슷한 수수한 옷으로 다시 바꿔 입으며, 이러한 깃털 상태를 '변환깃'이라고 합니다. 변환깃은 오리류 수컷에서만 볼 수 있는 특징입니다.

평소에는 연못이나 호수 같은 물에서 지내지만 번식기에는 그곳에서 멀지 않은 계곡 주변 나무 구멍에다 둥지를 틀고 번식합니다. 7월 말쯤 어미가 새끼들을 데리고 다시 물로 돌아오지요. 번식할 나무 구멍이 부족하면 다른 원앙의 둥지에 알을 낳기도 해서 서로 자기가 알을 품겠다고 싸우기도 합니다.

텃새
Aix galericulata
Mandarin Duck
41~51cm
여름: 계곡, 하천, 저수지
겨울: 논밭, 하천, 저수지
나무 열매, 씨앗, 물고기, 무척추동물
천연기념물

암컷은 항상 부리가 검습니다.

번식기가 아닐 때 수컷. 전체적으로 암컷과 비슷하지만 부리는 여전히 붉습니다.

번식기 수컷. 깃털 색이 화려할수록 많은 암컷과 짝짓기할 수 있습니다.

나무 구멍에다 둥지를 틀기 때문에 나무도 잘 탑니다.

어미가 새끼들을 데리고 물로 돌아왔습니다. 새끼는 흰뺨검둥오리 새끼와 생김새가 비슷하지만 검은 눈선이 눈 앞까지 이어지지 않습니다.

수컷. 붉은 얼굴에 녹색 무늬가 있고, 몸 옆으로 굵고 흰 줄이 있습니다.

겨울 철새

Anas crecca

Eurasian Teal

34~38cm

하천, 저수지, 하구, 간척지

유기물, 갑각류, 물고기, 연체동물

쇠오리

우리나라를 찾아오는 오리 가운데 가장 작습니다. 호수나 저수지보다는 하천을 더 좋아하며, 농경지와 하천을 무리 지어 오갑니다. 9월부터 4월 사이에는 쉽게 볼 수 있어 친숙합니다.

꽤 예민해서 관찰할 때는 늘 멀리서만 바라봤는데요, 한번은 영문도 없이 가까이 다가오더라고요. 새침하기만 한 줄 알았는데 꼭 그렇지는 않은가 봐요. 오리는 항상 '꽥꽥'거린다고 생각하는 사람이 많습니다. 그런데 이렇게 우는 오리는 청둥오리, 흰뺨검둥오리를 비롯해 몇 종에 지나지 않습니다. 대부분 오리는 휘파람 비슷한 소리나 여기에 중저음이 섞인 듯한 소리를 냅니다. 쇠오리처럼 덩치가 작은 종일수록 소리가 가늘고 높아요.

암컷. 갈색 바탕에 얼룩무늬가 있어 다른 오리 암컷과 비슷합니다.

변환깃에서 번식깃으로 바뀌고 있는 수컷은 깃털이 얼룩덜룩합니다.

날 때면 날개의 녹색 깃이 뚜렷하게 보입니다.

가창오리(수컷)

겨울 철새로 얼굴에 여러 가지 색깔 무늬가 있고 아주 큰 무리를 이룹니다.

알락오리

수컷은 촘촘한 물결무늬가 있어서 바로 눈에 띄지만 암컷은 여느 오리 암컷과 생김새가 비슷해서 알아보기 어렵습니다. 그나마 부리 가장자리가 주황색이어서 구별할 수 있습니다.

이 녀석은 먹이를 스스로 찾기도 하지만 대부분 다른 오리나 물닭이 찾은 먹이를 훔치거나 빼앗는 것을 좋아합니다. 특히나 물닭 뒤를 졸졸 따라다닙니다. 물닭이 잠수해서 먹이를 찾아 물고 나오면 순식간에 빼앗아 먹습니다.

그런데 흥미롭게도 먹이를 두고 물닭과 알락오리가 싸우는 일은 절대 없습니다. 심지어 무척 평화롭게 지내며, 어떤 때는 물닭이 알락오리를 먹이는 것처럼 보이기도 합니다.

날 때 흰색, 검은색, 적갈색 무늬가 보이며 이 무늬는 개체에 따라 다릅니다.

겨울 철새
Anas strepera
Gadwall
46~58cm
하천, 저수지, 간척지, 바닷가
수생식물, 갑각류, 작은 물고기, 연체동물

암컷. 다른 오리 암컷들과 달리 부리 가장자리가 주황색입니다.

수컷. 회갈색 바탕에 검은 비늘무늬가 촘촘합니다. 부리와 아래꼬리덮깃은 검습니다. 번식기에는 암컷과 생김새가 비슷해집니다.

청머리오리와 알락오리 사이에서 태어난 잡종 개체입니다.

청머리오리(수컷)

겨울 철새로 수컷 머리에 있는 녹색과 적갈색 무늬가 특징이고 셋째날개깃이 길게 늘어집니다.

수컷. 머리와 뒷목이 밤색이며, 가슴에서 뒷목까지 흰색이 가늘게 이어집니다. 부리 가장자리는 청회색, 가운데는 검은색입니다. 비번식기에는 암컷과 비슷해지지만 부리 색으로 구별됩니다.

고방오리

수중발레를 하듯 꼬리만 물 위로 내놓은 모습만 보고도 고방오리인지 알아볼 수 있습니다. 잠수를 하지 못해서 이렇게 자맥질만으로 먹이를 찾아야 하거든요. 그래서 다른 오리보다 목이 길어졌을까요? 수컷의 가운데 꼬리깃은 핀처럼 매우 길고 뾰족한데요, 자맥질할 때 더욱 두드러지지요. 영어 이름(Pintail)도 이런 특징에서 비롯했겠지요.
오리 종류는 대부분 월동지에서 짝을 만나 쌍을 이루고 번식지로 이동해 새끼를 키웁니다. 암컷이 알을 품고 새끼를 키우는 동안에 수컷은 홀로 지내거나 다른 수컷들과 무리를 이뤄 생활합니다.

잠수를 하지 못해서 자맥질해 먹이를 찾습니다.

겨울 철새

Anas acuta

Northern Pintail

수컷 61~76cm, 암컷 51~57cm

논, 저수지, 하구, 간척지, 바닷가

수생식물, 갑각류, 물고기, 연체동물

암컷. 갈색 바탕에 암갈색 무늬가 흩어져 있습니다. 오리 종류 암컷치고 꼬리깃이 긴 편입니다.

날 때 날개의 검은색 띠와 주황색 줄무늬가 뚜렷하게 보입니다.

홍머리오리(암수)

겨울 철새로 수컷은 적갈색 머리가 특징이고 이마와 정수리는 황백색입니다. 암컷은 전체적으로 연한 붉은빛이 도는 어두운 갈색입니다.

흰죽지

수컷은 밤이라도 새운 걸까요? 눈이 새빨갛습니다. 똑같이 겨울에 우리나라를 찾아오고 잠수를 잘하는 댕기흰죽지와 함께 큰 무리를 이룹니다. 깊은 물에 먹이가 많은 것이 당연하지만 깊은 곳까지 잠수하려면 그만큼 에너지를 많이 써야 합니다. 그래서 얕은 물에서 먹이 찾는 것을 더 좋아해요.

흰죽지 같은 잠수성 오리는 잠수하기 전에 깃털을 최대한 몸에 붙입니다. 이렇게 하면 물이 피부까지 닿지 않고 몸 부피가 작아져 부력도 줄어들어 잠수를 더 잘할 수 있거든요.

몸 바깥쪽에 있는 깃털은 방수 깃털입니다. 매우 뻣뻣하고, 휘면서 서로 겹쳐지는 부분이 많아 체온을 잘 유지할 수 있습니다. 덕분에 겨울 추위를 잘 견딜 수 있답니다.

잠수할 때는 깃털을 최대한 몸에 붙여 부력을 줄입니다.

겨울 철새
Aythya ferina
Common Pochard
42~49cm
저수지, 하구, 간척지, 바닷가
갑각류, 조개, 작은 물고기

잠수성 오리들은 몸에 비해 날개가 작아서 물 위를 한참 달리다가 날아오릅니다.

암컷. 머리와 가슴은 갈색이고 몸은 회색빛이 됩니다. 부리는 검고, 중간에 청회색 띠가 좁거나 없기도 합니다.

수컷. 머리 전체가 적갈색입니다. 앞가슴과 꼬리덮깃은 검은색, 몸은 흰색입니다. 부리는 검고, 중간에 청회색 띠가 있습니다. 방수 깃털이라 물방울이 맺힙니다.

겨울을 나는 곳에서는 큰 무리를 이루어 함께 지냅니다.

흰줄박이오리(수컷)

깃털이 매우 화려하며, 동해안에서 보입니다.

검둥오리(수컷)

검은 몸에 주황색 돌기가 있는 부리가 특징이며, 동해안 북쪽에서 보입니다.

댕기흰죽지

호기심을 숨기고 있는 듯한 노란 눈, 앙다문 부리, 고개를 돌릴 때마다 살짝살짝 흔들리는 댕기깃을 보면 마치 무슨 장난을 칠까 궁리하는 개구쟁이 같습니다.

대개 물 위에 둥실둥실 떠 있다가 1.8~3m 깊이로 잠수해 먹이를 잡습니다. 주로 겨울에 큰 무리를 이루는 다른 오리 종류와 달리 1년 내내 떼를 지어 지내고 번식합니다. 우리나라에서 보이는 잠수성 오리 가운데 흰죽지와 더불어 가장 수가 많습니다.

오리 종류는 잠을 잘 때 보통 한쪽 눈만 감습니다. 그러면 뇌의 절반은 잠들고 나머지 반은 깨어 있어 천적의 침입에 대비할 수 있지요. 그런데 큰 무리에서 보면 한가운데에 있는 녀석들은 편안하게 두 눈을 감고 잡니다. 바깥쪽에 있는 오리들이 한쪽 눈만 감은 채 지키고 있으니 자기들은 마음이 편안한 걸까요?

겨울 철새
Aythya fuligula
Tufted Duck
40~47cm
하천, 저수지, 하구, 바닷가
갑각류, 조개, 작은 물고기

암컷. 수컷보다 몸 색깔이 옅고, 옆구리는 어두운 갈색입니다. 댕기깃이 짧아 거의 보이지 않습니다.

수컷. 흰 옆구리를 제외한 몸 전체가 녹색 빛이 도는 검은색입니다. 머리에 댕기깃이 여러 가닥 있습니다. 머리는 각도에 따라 보라색으로 보이기도 합니다.

암수가 함께 지내며 겨울을 나고 봄에 번식지로 이동합니다.

늘 크게 무리를 지어 지냅니다.

검은머리흰죽지 (수컷)

머리에 댕기깃이 없으며 등과 옆구리가 흰색이고, 주로 바닷가에서 보입니다.

붉은부리흰죽지 (수컷)

부리가 붉은색입니다. 드물게 보입니다.

적갈색흰죽지 (수컷)

검은 등을 제외한 온몸이 적갈색입니다.

수컷. 목과 가슴, 옆구리가 흰색이며, 머리와 등은 검은색이고, 머리에는 녹색 광택이 돕니다. 뺨에 크고 뚜렷한 흰 무늬가 있습니다.

흰뺨오리

오리치고는 부리가 너무 작고 둥글어서 무엇을 먹을까 궁금해 한참을 지켜봤습니다. 오랫동안 물속에 있다가 나오더니 웬걸! 예상치도 못하게 성게를 물고 나왔습니다. 손질하기 수월해서인지 주로 가시가 짧은 말똥성게를요. 검붉은 성게를 물고 있으니 흰 뺨이 더욱 도드라졌습니다.

오랫동안 잠수를 하고 나도 푸르르 물을 털어 내고 아무 일 없었다는 듯 둥둥 떠다닙니다. 잠수성 오리 특징대로 꼬리는 물에 잠겨 있습니다. 그러다 날아갈 때면 날개에서 휘파람 비슷한 소리가 나서 휘파람새라고 불리기도 해요. 날씨가 추울수록 이 소리가 더 잘 들립니다.

번식기가 되면 수컷은 머리를 뒤로 젖히거나 엉덩이를 뒤로 쭉 빼고 발로 물을 걷어차면서 암컷 마음에 들려고 춤을 춥니다. 이런 구애 춤 종류가 열네 가지나 된다고 합니다.

겨울 철새
Bucephala clangula
Common Goldeneye
40~48cm
하천, 저수지, 바닷가
갑각류, 조개, 작은 물고기

암컷. 몸은 회갈색 바탕에 흰 무늬가 있습니다. 머리는 적갈색이고 부리 끝이 노랗습니다.

여러 마리가 무리 지어 날며, 날개에서 소리가 납니다.

수컷이 구애 춤을 추고 있습니다. 목을 길게 빼고 빠르게 헤엄치다가 머리를 등 쪽으로 빠르게 젖힙니다.

꼬마오리(수컷)

흰뺨오리와 가까운 종으로 2014년 속초에 나타난 적이 있습니다.

물속을 보면서 떠다니다가 먹이가 보이면 잠수해 사냥합니다.

비오리

유유히 물을 가르며 나아가다가 잠수해서는 자기 머리만 한 고기를 물어 올립니다. 비오리 떼가 사냥하려고 돌아다닐 때 놀라 도망치는 물고기를 잡아먹으려고 백로가 주변에서 기다리기도 하며, 비오리가 잡은 먹이를 갈매기나 백로가 빼앗아 가기도 합니다.
원앙이나 흰뺨오리처럼 나무 구멍이나 절벽 바위틈에 둥지를 틉니다. 부화한 새끼는 하루가 지나기 전에 둥지 밖으로 뛰어내립니다. 떨어진 곳이 물이라면 더욱 안전하겠지만 땅바닥이어도 전혀 다치지 않습니다. 새끼는 몸이 가볍고 솜털로 덮여 있으며, 물갈퀴가 넓어 떨어질 때 속도를 줄일 수 있거든요.
비오리는 오리 종류 중에서 가장 빠르게 날아가는 새로, 바다비오리는 시속 160km로 비행한 기록이 있습니다.

큰 물갈퀴를 써서 잠수해 돌 밑에서 먹이를 찾거나 지나가는 물고기를 잡습니다.

겨울 철새
Mergus merganser
Common Merganser
58~68cm
하천, 저수지, 간척지, 호수
물고기, 갑각류, 연체동물

수컷. 몸은 흰색이고 등과 어깨는 검습니다. 머리는 녹색이지만 대개는 검은색으로 보입니다. 댕기깃이 없습니다. 암수 모두 부리가 붉고 끝은 검으며 아래로 휘어져 있습니다.

잘 날지 않지만 먼 거리를 이동할 때는 무리 지어 날아갑니다.

암컷. 몸은 회갈색이며, 머리와 가슴의 경계가 뚜렷합니다. 머리는 적갈색이며 댕기깃이 많습니다.

호사비오리

천연기념물 멸종위기 야생생물

암수 모두 긴 댕기깃이 있고, 옆구리에 큰 비늘무늬가 있습니다.

277

미끄러운 미꾸리도 흰비오리에게 한번 물리면 빠져나가지 못합니다.

흰비오리

판다처럼 눈두덩이가 까매서 판다새라는 별명이 붙었습니다. 생김새와 별명 때문에 언뜻 귀여워 보이지만 부리의 날카로운 톱날을 보면 무서운 포식자가 따로 없습니다.
유기물을 걸러 먹는 오리는 케라틴 성분으로 이루어진 부리 주변에 빗살처럼 생긴 구조물이 있습니다. 흰비오리처럼 물고기를 잡아먹는 오리는 톱니 모양 돌기가 이빨처럼 돋아 있어 이를 보고 새에게도 이빨이 있다고 말하는 사람도 있습니다. 이 돌기는 잡은 물고기를 놓치지 않는 데에는 도움이 되지만 포유류 이빨처럼 먹이를 찢거나 잘게 부수지는 못하기에 빗살 구조와 마찬가지입니다. 그렇다면 이빨이 없는 새는 어떻게 먹이를 부술까요? 몸속에 제2의 위장인 근위라는 장기가 있습니다. 강력한 근육으로 이루어져 있어서 삼킨 먹이를 잘게 부숴 줍니다.

겨울 철새

Mergellus albellus

Smew

38~44cm

하천, 하구, 바닷가

물고기, 개구리, 갑각류, 연체동물

물고기를 잡기 좋게 윗부리 끝은 아래로 휘었으며, 부리에 톱니 같은 돌기가 있습니다.

수컷. 몸 바탕은 하얗습니다. 눈 주변과 정수리 뒤쪽, 등과 가슴에 검은 무늬가 있습니다.

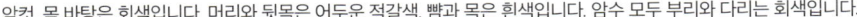

암컷. 몸 바탕은 회색입니다. 머리와 뒷목은 어두운 적갈색, 뺨과 목은 흰색입니다. 암수 모두 부리와 다리는 회색입니다.

논병아리

텃새

Podiceps ruficollis

Little Grebe

25~27cm

호수, 하천, 저수지

물고기, 갑각류

병아리라는 이름 때문에 너무 자그맣고 예쁜 모습만 상상한 탓일까요? 실제 생김새는 상상한 이미지와는 달리 살짝 무서워 보였는데요, 이내 그 작은 몸으로 물속에 쏙 들어갔다가 나와 몸을 터는 모습을 보니 동그란 인형 같아 귀엽더라고요.
잠수해서 먹이를 찾지만 물갈퀴는 없습니다. 대신 발가락에 나뭇잎 모양 같은 넓은 막이 있어 헤엄을 잘 칩니다. 물닭, 지느러미발도요의 발가락과 비슷해요. 깃털과 몸속의 공기주머니를 이용해 부력을 조절할 수 있어서 천적이 나타나면 물속에 몸을 숨기고 머리만 내놓은 채 주변을 살핍니다.
우리나라에서 봄여름에 번식하는 텃새도 있지만 겨울에 오는 수가 더 많습니다. 알에서 깨어난 새끼들은 바로 어미를 따라다니며 먹이를 먹습니다. 간혹 어미가 새끼를 보호하고자 업고 다니기도 합니다.

물갈퀴가 없지만 발가락이 넓은 나뭇잎 같아서 헤엄을 잘 칩니다.

깃털과 몸속 공기주머니의 공기량을 조절해 잠수하는 깊이를 조절할 수 있습니다.

몸은 통통하고 꼬리가 없는 것처럼 보입니다. 목은 길고 부리는 짧으나 뾰족합니다. 겨울에는 털을 부풀리고 있어 몸이 더욱 둥글게 보입니다.

번식기에는 뺨과 목이 적갈색으로 변합니다. 이따금 부화한 새끼들을 등에 업고 다니면서 먹이를 먹입니다.

검은목논병아리

번식기에는 노란색 귀깃이 있고 머리와 목이 검은색입니다(앞쪽). 번식기가 아닐 때는 등과 목이 회갈색이고 뺨은 흰색입니다(뒤쪽). 깃갈이 시기는 개체의 건강 상태와 먹이 환경 등에 따라 달라서 번식깃과 비번식깃 개체를 동시에 볼 수도 있습니다.

뿔논병아리

번식기에는 머리에 뿔 같은 긴 깃이 생깁니다. 왕관으로 보일 만큼 화려해서인지 옛날 서양에서는 이 머리깃을 여성용 모자와 속옷의 장식품으로 썼습니다. 그 탓에 뿔논병아리는 멸종 위기에 처하기도 했습니다.
짝을 찾아야 할 때는 물풀을 입에 물고 발힘으로 물 위에 서서 머리를 좌우로 흔들며 물 위를 걷듯이 구애 춤을 춥니다. 이러면 상대에게 자기가 얼마나 건강한지를 보여 줄 수 있을 뿐만 아니라 번식에 적합한 몸을 만들 수도 있습니다.
다리가 몸 뒤쪽으로 치우쳐 있어서 땅에서 걷기가 쉽지 않습니다. 속도가 느려요. 그래서 둥지는 물풀을 모아서 물 위에 짓습니다. 둥지를 비워야 할 때는 물풀로 알을 덮어서 눈에 띄지 않게 합니다. 새끼가 깨어나면 어미가 새끼에게 자기 털을 먹입니다. 새끼가 물고기나 새우를 먹고 게워 낼 때 어미 털이 뾰족한 부분을 감싸 쉽게 토해 낼 수 있기 때문입니다.
우리나라에서 일부 번식하기도 하지만 대부분 겨울 철새로 찾아옵니다.

겨울 철새
Podiceps cristatus
Great Crested Grebe
46~51cm
해안, 간척지, 저수지
물고기, 갑각류

물풀을 입에 물고 구애 춤을 춥니다.

둥지는 물풀을 이용해 물에 뜨게 짓습니다.

번식기가 아닐 때 모습. 몸은 흑갈색이고 뺨과 목은 흰색입니다. 우리나라 논병아리 종류 가운데 가장 커요.

번식기 모습. 머리에는 길고 뾰족한 깃이 생기고 뺨에는 적갈색과 검은색 깃이 자랍니다. 새끼는 흰색 바탕에 검은색 무늬가 있습니다.

번식기가 아닐 때 모습. 목의 흰색이 사라지고 부리 주변 피부가 노란색으로 바뀝니다.

민물가마우지

시커먼 옷을 입고 있는 모습은 물고기 저승사자가 따로 없습니다. 여러 마리가 고개를 들고 헤엄쳐 나가는 모습을 보면 전쟁터로 나서는 병사 같기도 하고요. 가마우지 종류는 뒷발가락이 앞쪽으로 돌아가 있고 발가락 사이를 연결한 물갈퀴가 세 장이나 있어서 물속에서 빠른 속도로 헤엄칠 수 있습니다.
깊이 잠수하려고 방수 깃털을 포기했기 때문에 물속에서 사냥하고 나면 젖은 깃털을 말려야 합니다. 여럿이 모여 바람을 마주하고 태양을 등진 채 날개를 펼친 모습을 종종 볼 수 있는 것도 그래서지요. 이런 행동은 깃을 말리고 체온을 올리는 것뿐만 아니라 소화에도 도움이 됩니다.
가마우지 종류는 집단으로 번식하며 번식기가 끝나도 밤이 되면 일정한 곳에 모여서 잠을 잡니다.

텃새

Phalacrocorax carbo

Great Cormorant

80~94cm, 날개 편 길이 130~160cm

하천, 저수지, 하구, 바닷가

물고기, 개구리, 갑각류

번식기 모습. 목과 정수리가 흰색으로 바뀌고 부리 주변 피부 색깔이 짙어집니다.

어린새. 몸은 갈색이며, 부리 기부 노란색이 연합니다. 더우면 입을 벌려서 부리 아래 피부를 떨며 열을 식힙니다. 대부분 새는 피부가 드러난 얼굴과 부리 주변에서 체온을 조절합니다.

가마우지 종류는 물갈퀴가 세 장입니다. 오리 종류보다 한 장 더 많습니다.

깃털에 방수 기능이 없어서 사냥한 뒤에는 날개를 펴고 몸을 말립니다.

가마우지

바닷가에서 보이고 민물가마우지보다 부리 쪽 노란 부분이 좁고 각이 집니다.

쇠가마우지

바닷가에서 보이고 부리가 가늘고 뾰족하며 얼굴에는 붉은 피부가 드러납니다.

번식기가 지나면 무리 지어 사냥합니다.

겨울 철새
Cygnus cygnus
Whooper Swan
140~155cm
날개 편 길이 205~275cm
저수지, 하천, 하구, 갯벌, 간척지
식물(뿌리, 줄기, 열매), 갑각류, 연체동물
천연기념물
멸종위기 야생생물

큰고니

흔히 백조라고 일컫는 새의 우리말 이름이 고니입니다. 여러 마리가 고개를 푹 숙이고 물에 듬성듬성 떠 있을 때는 저렇게 큰 눈 덩어리가 있나 싶습니다. 그러다 고개를 쏙 들면 그 순간 그곳이 바로 '백조의 호수'가 됩니다.

고니 새끼는 태어나면 깃이 회색이었다가 자라면서 흰색으로 변합니다. 안데르센은 이런 모습을 보고서 동화『미운 오리 새끼』를 지었겠지요.

한 번 맺은 짝과 평생 함께 지내며 가족을 이룹니다. 먼 거리를 이동할 때는 여러 가족이 모여 큰 무리를 이룹니다. 이때는 무리 안에서 계층이 생깁니다. 공격성이 강한 수컷이 이끄는 대가족이 가장 우위를 점하고, 그다음 계층은 새끼가 있는 가족이 차지하고, 짝이 없는 개체는 맨 아래 계층이 됩니다. 계층별 차이는 먹이를 먹거나 의사 결정을 할 때 나타납니다. 번식이 끝난 뒤 깃갈이하는 30일 동안은 날개깃이 빠져서 날지 못합니다.

몸 바탕은 흰색입니다. 부리 기부는 노란색이고 부리 절반쯤은 검은색입니다.

대부분 가족 단위로 지냅니다. 어린새는 몸 바탕이 회색이고 부리 기부는 회백색입니다.

발은 까맣고 매우 큽니다.

추운 날에는 에너지 소모를 줄이고자 부리를 날개에 묻고 잠을 잡니다.

날 때는 목을 곧게 뻗으며, 소리를 내어 서로 소통합니다.

고니

천연기념물
멸종위기 야생생물

큰고니보다 덩치가 작고 드물게 보입니다. 어린새(왼쪽)와 어른새(오른쪽)

혹고니

천연기념물
멸종위기 야생생물

부리 전체가 주황색이고 기부에 검은 혹이 있습니다. 어린새는 부리가 흑갈색이며 혹이 없습니다.

물갈퀴는 헤엄칠 때와 날 때는 방향타, 물에 앉을 때와 날아오를 때는 비행기 바퀴와 브레이크 같은 역할을 합니다.

찾아보기

국명

국명	페이지
가마우지	287
가창오리	265
개개비	200
개개비사촌	201
개꿩	216
개똥지빠귀	084
검둥오리	271
검은가슴물떼새	217
검은댕기해오라기	174
검은등뻐꾸기	107
검은등할미새	198
검은딱새	151
검은머리갈매기	251
검은머리물떼새	218
검은머리방울새	095
검은머리흰죽지	273
검은목논병아리	281
검은이마직박구리	013
검은턱할미새	197
고니	293
고방오리	268
곤줄박이	128
괭이갈매기	244
구레나룻제비갈매기	253
굴뚝새	148
귀제비	039
금눈쇠올빼미	119
긴점박이올빼미	119
까막딱다구리	145
까치	016
깝작도요	188
꺅도요	072
꼬마물떼새	210
꼬마오리	275
꾀꼬리	098
꿩	100
넓적부리	259
노랑배진박새	127
노랑부리백로	169
노랑부리저어새	181
노랑지빠귀	085
노랑턱멧새	088
노랑할미새	192
논병아리	280
대백로	167
댕기물떼새	220
댕기흰죽지	272
덤불해오라기	178
독수리	050
동고비	130
되새	092
되지빠귀	152
두루미	062
뒷부리도요	235
뒷부리장다리물떼새	079
들꿩	101
딱새	032
때까치	082
떼까마귀	109
뜸부기	183
마도요	239
말똥가리	048
매	206
매사촌	107
먹황새	055
멋쟁이새	093
멧도요	075
멧비둘기	024
멧새	086
물까마귀	149
물까치	020
물닭	184
물때까치	083
물수리	202
물총새	190
민댕기물떼새	221
민물가마우지	284
민물도요	222
밀화부리	093
바다직박구리	254
박새	124
발구지	259
방울새	094
백할미새	196
북방쇠종다리	035
붉은머리오목눈이	028
붉은부리갈매기	250
붉은부리찌르레기	043
붉은부리흰죽지	273
붉은어깨도요	226
비둘기조롱이	115
비오리	276
뻐꾸기	106
뿔논병아리	282
삑삑도요	186
산솔새	146
새매	111
새호리기	114
섬참새	015
세가락도요	230
소쩍새	160
솔부엉이	120
쇠가마우지	287
쇠기러기	058
쇠동고비	131
쇠딱다구리	136
쇠물닭	182
쇠박새	126
쇠백로	168

쇠부엉이	121	직박구리	012	흑꼬리도요	070		
쇠오리	264	진박새	127	흑두루미	064		
쇠제비갈매기	252	집비둘기	026	흑로	053		
쇠황조롱이	047	찌르레기	040	흑비둘기	025		
수리부엉이	162	참매	110	흰갈매기	249		
숲새	147	참새	014	흰꼬리수리	204		
스윈호오목눈이	133	청다리도요	232	흰날개해오라기	177		
쑥새	090	청다리도요사촌	233	흰머리오목눈이	133		
아물쇠딱다구리	137	청도요	075	흰목물떼새	211		
알락꼬리마도요	238	청둥오리	260	흰물떼새	212		
알락도요	066	청딱다구리	144	흰배지빠귀	156		
알락오리	266	청머리오리	267	흰비오리	278		
알락할미새	194	칡때까치	083	흰뺨검둥오리	258		
양(낭)비둘기	027	큰고니	290	흰뺨오리	274		
어치	134	큰기러기	060	흰점찌르레기	043		
염주비둘기	025	큰뒷부리도요	234	흰죽지	270		
오목눈이	132	큰말똥가리	049	흰죽지꼬마물떼새	211		
오색딱다구리	140	큰물떼새	211	흰줄박이오리	271		
올빼미	118	큰부리까마귀	108	흰털발제비	039		
왕눈물떼새	214	큰부리큰기러기	061	히말라야알락할미새	195		
왜가리	170	큰소쩍새	161				
원앙	262	큰오색딱다구리	143				
유리딱새	151	큰왕눈물떼새	215				
장다리물떼새	076	큰유리새	150				
재갈매기	248	큰재갈매기	249				
재두루미	063	털발말똥가리	049				
잿빛개구리매	205	파랑새	102				
저어새	180	푸른바다직박구리	255				
적갈색흰죽지	273	해오라기	176				
제비	036	호랑지빠귀	158				
제비갈매기	253	호사비오리	277				
좀도요	231	혹고니	293				
종다리	034	홍머리오리	269				
줄무늬노랑발갈매기	249	황로	052				
중대백로	166	황새	054				
중부리도요	240	황조롱이	046				
쥐발귀개개비	201	후투티	044				

295

학명

Accipiter gentilis	110
Acrocephalus orientalis	200
Actitis hypoleucos	188
Aegithalos caudatus	132
Aegypius monachus	050
Aix galericulata	262
Alauda arvensis	034
Alcedo atthis	190
Anas acuta	268
Anas crecca	264
Anas platyrhynchos	260
Anas poecilorhyncha	258
Anas strepera	266
Anser albifrons	058
Anser fabalis serrirostris	060
Ardea cinerea	170
Aythya ferina	270
Aythya fuligula	272
Bubo bubo	162
Bubulcus coromandus	052
Bucephala clangula	274
Buteo japonicus	048
Butorides striatus	174
Calidris alba	230
Calidris alpina	222
Calidris tenuirostris	226
Charadrius alexandrinus	212
Charadrius dubius	210
Charadrius mongolus	214
Chloris sinica	094
Chroicocephalus ridibundus	250
Ciconia boyciana	054
Columba livia var. domestica	026
Corvus macrorhynchos	108
Cuculus canorus	106
Cyanopica cyanus	020
Cyanoptila cyanomelana	150
Cygnus cygnus	290
Dendrocopos kizuki	136
Dendrocopos major	140
Egretta alba modesta	166
Egretta garzetta	168
Emberiza cioides	086
Emberiza elegans	088
Emberiza rustica	090
Eurystomus orientalis	102
Falco peregrinus	206
Falco subbuteo	114
Falco tinnunculus	046
Fringilla montifringilla	092
Fulica atra	184
Gallinago gallinago	072
Gallinula chloropus	182
Garrulus glandarius	134
Grus japonensis	062
Grus monacha	064
Haematopus ostralegus	218
Haliaeetus albicilla	204
Himantopus himantopus	076
Hirundo rustica	036
Hypsipetes amaurotis	012
Ixobrychus sinensis	178
Lanius bucephalus	082
Larus crassirostris	244
Larus vegae	248
Limosa lapponica	234
Limosa limosa	070
Mergellus albellus	278
Mergus merganser	276
Monticola solitarius	254
Motacilla alba leucopsis	194
Motacilla alba lugens	196
Motacilla cinerea	192
Motacilla grandis	198
Ninox japonica	120
Numenius madagascariensis	238
Numenius phaeopus	240
Nycticorax nycticorax	176
Oriolus chinensis	098
Otus sunia	160
Pandion haliaetus	202
Parus major	124
Passer montanus	014
Phalacrocorax carbo	284
Phasianus colchicus	100
Phoenicurus auroreus	032
Phylloscopus coronatus	146
Pica pica	016
Picus canus	144
Platalea minor	180
Pluvialis squatarola	216
Podiceps cristatus	282
Podiceps ruficollis	280
Poecile palustris	126
Sinosuthora webbiana	028
Sitta europaea	130
Sittiparus varius	128
Sternula albifrons	252
Streptopelia orientalis	024
Strix aluco	118
Sturnus cineraceus	040
Tringa glareola	066
Tringa nebularia	232
Tringa ochropus	186
Troglodytes troglodytes	148
Turdus eunomus	084
Turdus hortulorum	152
Turdus pallidus	156
Upupa epops	044
Vanellus vanellus	220
Zoothera aurea	158